Geografia política e geopolítica

Geografia política e geopolítica

Renata Adriana Garbossa Silva
Rodolfo dos Santos Silva

2ª edição

Rua Clara Vendramin, 58 . Mossunguê . CEP 81200-170 . Curitiba . PR . Brasil
Fone: (41) 2106-4170 . www.intersaberes.com . editora@intersaberes.com

Conselho editorial
Dr. Alexandre Coutinho Pagliarini
Drª Elena Godoy
Dr. Neri dos Santos
Mª Maria Lúcia Prado Sabatella

Editora-chefe
Lindsay Azambuja

Gerente editorial
Ariadne Nunes Wenger

Assistente editorial
Daniela Viroli Pereira Pinto

Edição de texto
Monique Francis Fagundes Gonçalves

Capa
Iná Trigo (*design*)
contr4, Golden Sikorka,
RoboLab, shaineast, jekson_js/
Shutterstock (imagens)

Projeto gráfico
Mayra Yoshizawa (*design*)
ildogesto e MimaCZ/Shutterstock
(imagens)

Diagramação
Fabiola Penso

Equipe de *design*
Sílvio Gabriel Spannenberg

Iconografia
Regina Claudia Cruz Prestes

1ª edição, 2018.
2ª edição, 2023.

Foi feito o depósito legal.

Informamos que é de inteira responsabilidade dos autores a emissão de conceitos.

Nenhuma parte desta publicação poderá ser reproduzida por qualquer meio ou forma sem a prévia autorização da Editora InterSaberes.

A violação dos direitos autorais é crime estabelecido na Lei n. 9.610/1998 e punido pelo art. 184 do Código Penal.

Dados Internacionais de Catalogação na Publicação (CIP)
(Câmara Brasileira do Livro, SP, Brasil)

Silva, Renata Adriana Garbossa
  Geografia política e geopolítica / Renata Adriana Garbossa Silva, Rodolfo dos Santos Silva. -- 2. ed. -- Curitiba, PR : InterSaberes, 2023.

  Bibliografia
  ISBN 978-85-227-0809-3

  1. Geografia política 2. Geopolítica 3. Geopolítica – Brasil 4. Política mundial I. Silva, Rodolfo dos Santos. II. Título.

23-167496   CDD-320.12

Índices para catálogo sistemático:
1. Geografia política : Geopolítica   320.12

Eliane de Freitas Leite – Bibliotecária – CRB 8/8415

Sumário

Apresentação | 9
Como aproveitar ao máximo este livro | 13

1. Bases teóricas e conceituais da geografia política e da geopolítica | 17
   1.1 Definições e concepções da geografia política e geopolítica | 20
   1.2 Teorias da geopolítica clássica | 35
   1.3 Geografia política contemporânea | 66

2. Geografia política e a geopolítica no Brasil | 81
   2.1 Geopolítica no Brasil | 83
   2.2 Afirmação da geopolítica no Brasil | 95
   2.3 Escola Superior de Guerra | 98
   2.4 Grandes temas da geopolítica brasileira | 102

3. Geopolítica e a nova ordem mundial | 125
   3.1 Ordem internacional | 127
   3.2 Crise do mundo bipolar e a nova ordem mundial | 135
   3.3 Nova ordem mundial e o poderio militar | 139

4. A geopolítica da Divisão Internacional do Trabalho | 153
   4.1 Da colonização à Divisão Internacional do Trabalho | 155
   4.2 A Divisão Internacional do Trabalho a partir da Revolução Industrial | 164
   4.3 A geopolítica da Divisão Internacional do Trabalho no início do século XX | 166

4.4 De Bretton Woods ao domínio geopolítico norte-americano | 173
4.5 A Divisão Internacional do Trabalho na América Latina | 176
4.6 A geopolítica após a Segunda Guerra Mundial e a Guerra Fria | 181
4.7 A nova configuração geopolítica e os blocos econômicos | 184
4.8 A nova Divisão Internacional do Trabalho | 191

5. Temas contemporâneos | 201
   5.1 Globalização: a escala global? | 203
   5.2 Antagonismos da globalização | 216
   5.3 Geopolítica do caos | 220
   5.4 Geopolítica do novo milênio | 225

Considerações finais | *239*
Referências | *243*
Bibliografia comentada | *253*
Respostas | *257*
Sobre o autor | *259*

"Talvez no século XX tenhamos tentado mudar demais o mundo. A tarefa hoje é nos afastarmos e o interpretarmos [o mundo] um pouco mais."

Slavoj Žižek

Apresentação

A geografia tem se transformado em um ritmo acelerado, passando por mudanças técnicas e institucionais locais, nacionais e globais nunca antes verificadas na história. Essas alterações também englobam a ocupação e a necessidade de abarcar a produção, a organização, a diferenciação do espaço, entre outras funções.

Portanto, é necessário entender as mudanças que ocorrem, uma vez que elas são dinâmicas e complexas. Nesse sentido, principalmente nas últimas décadas do século XX, transformações das mais diversas ordens, como disputas de minorias por territórios dentro de fronteiras nacionais, globalização, avanço da tecnologia, assim como o aumento das desigualdades sociais e/ou assimetrias regionais, a intensificação da pobreza, o aumento da circulação internacional de mercadorias e da mão de obra, o terrorismo, as guerras, o narcotráfico, entre outras, compõem uma ampla variedade de temas que, paradoxalmente, constituem na atualidade temas da geografia política. Além disso, fenômenos importantes e aparentemente contraditórios ainda colocam o fato político em destaque na agenda da geografia.

De tal modo, caro leitor, hoje a geografia política e a geopolítica conversam de forma direta e indireta com outros campos do conhecimento nas áreas das ciências humanas, como a ciência política, as relações internacionais, a sociologia e a própria história. Dessa forma, os principais objetivos desta obra são apresentar um conteúdo de fácil entendimento para o público ao qual está destinada e teorizar sobre as principais diferenças entre a geografia política e a geopolítica, citando seus precursores no Brasil e no mundo.

Este livro apresenta alguns temas em que se articulam teorias, fundamentos conceituais e também perspectivas relevantes para o campo do conhecimento a que ele está vinculado. Para tanto, ele é dividido em cinco capítulos. O Capítulo 1 faz uma digressão teórica sobre a geopolítica distinguindo-a da geografia política, que teve como um de seus expoentes Friedrich Ratzel (1844-1904), que introduziu leis sobre a relação entre o Estado e o solo e se tornou o fundador da moderna geografia humana.

Na sequência, apresentamos as teorias do poder marítimo, de Alfred Thayer Mahan (1840-1914) e as do poder terrestre, de Halford Mackinder (1861-1947), cujo foco é uma análise das condições de poder de um Estado em relação aos outros, além de Karl Haushofer (1869-1946), representante da geopolítica alemã, e Nicholas Spykman (1893-1943), precursor da geopolítica do Rimland. Todos esses autores são fundamentais para entender a possível influência dessas teorias na conduta estratégica das nações. Ainda nesse capítulo, a última seção faz referência à geografia política contemporânea. Nesse tópico, é apresentado o paradigma mais amplamente aceito por algumas das correntes do período – o que não significa que exista um consenso –, que é a globalização[1] e seus principais impactos, à luz principalmente da teoria de sistemas-mundo de Wallerstein.

Com base nas principais teorias e nos precursores da geografia política e da geopolítica no mundo, o Capítulo 2 analisa a geopolítica brasileira e a evolução do pensamento nacional desde a década de 1920, além de mostrar para o leitor o papel da Escola Superior de Guerra (ESG) e a influência das correntes geopolíticas mundiais no país. Assim, busca-se mostrar que a geopolítica, tão importante quanto seus precursores, e o papel da ESG merecem

---

1. O Capítulo 5 tratará da temática da globalização.

destaque na abordagem dos quatro grandes temas da geopolítica nacional: os meios de transporte, a mudança da capital federal, a geopolítica das fronteiras e a divisão territorial.

O objetivo, caro leitor, não foi esgotar esses quatro grandes temas, mas mostrar a importância deles nas orientações das discussões do país naquele momento e que foram amplamente debatidos pelos geopolíticos e colocados em prática, como no período do regime militar no Brasil, a partir de 1964.

O Capítulo 3 tem como elementos norteadores a geopolítica e a nova ordem mundial, que é uma realidade dinâmica, ainda não acabada, ou seja, que ainda está em construção ou em permanente mudança. Assim, alguns conceitos são essenciais para entendermos a ordem posta, sua origem e sua consolidação. Além disso, apresentamos as principais razões para a crise do mundo bipolar desde 1945, com o fim da Segunda Guerra Mundial, perpassando pela Guerra Fria, e os caminhos para a nova ordem mundial. Desse modo, abordamos alguns teóricos que nos possibilitam entender quais foram os traços mais importantes dessa nova ordem. Portanto, mais uma vez, notamos o grande dinamismo do mundo e suas constantes transformações.

Para finalizar o capítulo, procuramos demonstrar que, com o avanço da tecnologia, a revolução técnico-científica, ou "Terceira Revolução Industrial", o poderio militar não é mais o mesmo do início do século passado. Ele sofreu mudanças, passando por um processo de modernização que, consequentemente, alterou sua configuração. Destarte, começam a predominar as chamadas *armas inteligentes* e, assim, as formas de ataque aos países também sofreram alterações imensuráveis, com a inclusão de novos mecanismos, em destaque a "guerra cibernética". Nesse sentido, a última seção traz a nova ordem mundial e as mudanças pelas quais o poderio militar passou ao longo das décadas.

Com base em vários teóricos, o Capítulo 4 tem o objetivo de proporcionar uma leitura atual e consistente sobre a geopolítica e da Divisão Internacional do Trabalho (DIT), mostrando, dessa forma, os impactos da DIT sobre as relações políticas e econômicas em diferentes países. Na sequência, discorremos sobre como as grandes navegações e o período colonial influenciaram no desenvolvimento dos países e, consequentemente, no processo de industrialização e do capitalismo. Além disso, tratamos da ascensão dos Estados Unidos como nação capitalista hegemônica e a importância da Guerra Fria na DIT. Na parte final do capítulo, convidamos você a analisar o panorama após os anos 1990, já que, a partir dessa data, há uma nova geopolítica relacionada à DIT e os países passam a se articular em grandes blocos para superarem as crises econômicas cíclicas.

Nas últimas décadas do século XX e no início do século XXI, acontecimentos importantes e visivelmente conflitantes ainda colocam o fato político em destaque na agenda da geografia. Desse modo, fenômenos como a globalização se tornaram constantes e ampliaram o debate em diversas áreas das ciências humanas. Assim, o Capítulo 5 expõe a temática da globalização e seus principais antagonismos, além da geopolítica do caos, à luz de teóricos como Milton Santos, Doreen Massey, Manuel Castells, Ruy Moreira, entre outros. Em síntese, apresentamos como se deu, no passado, o debate geopolítico sobre o conceito de globalização, apresentando várias dimensões, como a econômica e a do imperialismo, e, na atualidade, alterando a geopolítica do novo milênio.

Desse modo, caro leitor, desejamos uma excelente leitura e um bom proveito desta obra!

Como aproveitar ao máximo este livro

Ao ler esta seção, você entenderá os recursos de aprendizagem utilizados no decorrer da obra, de modo a evidenciar os aspectos didático-pedagógicos que nortearam o planejamento do material e como o leitor pode tirar o melhor proveito dos conteúdos para seu aprendizado.

Introdução do capítulo
Logo na abertura do capítulo, você é informado a respeito dos conteúdos que nele serão abordados, bem como dos objetivos que o autor pretende alcançar.

Síntese

Você conta, nesta seção, com um recurso que o instigará a fazer uma reflexão sobre os conteúdos estudados, de modo a contribuir para que as conclusões a que você chegou sejam reafirmadas ou redefinidas.

Indicações culturais

Nesta seção, você encontra algumas indicações de livros, filmes ou *sites* que podem ajudá-lo a refletir sobre os conteúdos estudados e permitir o aprofundamento em seu processo de aprendizagem.

Atividades de autoavaliação

Com estas questões objetivas, você tem a oportunidade de verificar o grau de assimilação dos conceitos examinados, motivando-se a progredir em seus estudos e a se preparar para outras atividades avaliativas.

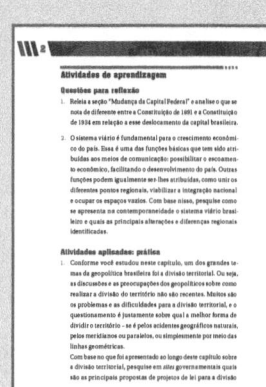

Atividades de aprendizagem

Aqui você dispõe de questões cujo objetivo é levá-lo a analisar criticamente determinado assunto e aproximar conhecimentos teóricos e práticos.

Bibliografia comentada

Nesta seção, você encontra comentários acerca de algumas obras de referência para o estudo dos temas examinados.

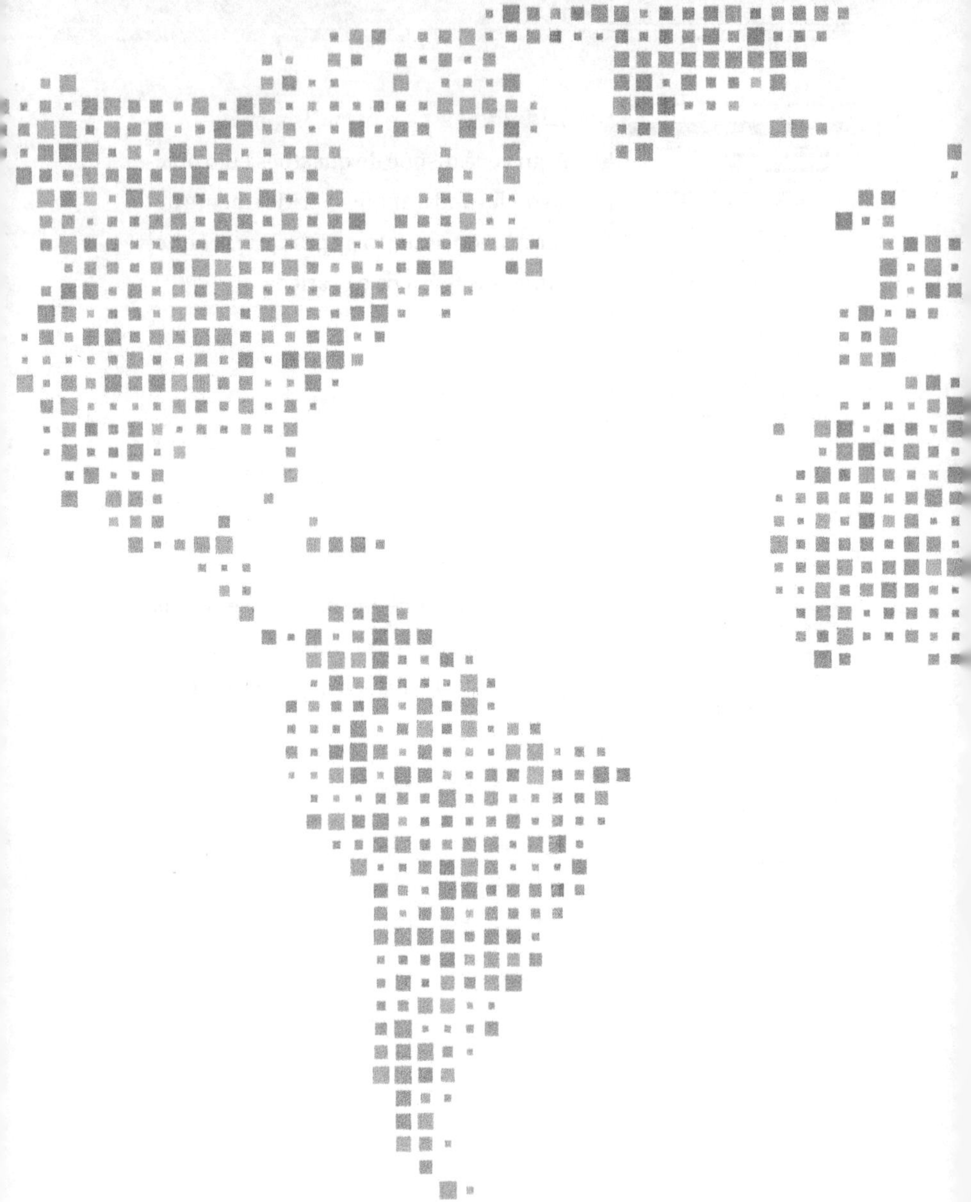

1
Bases teóricas e conceituais da geografia política e da geopolítica

Nosso objetivo central neste capítulo é apresentar as bases teóricas e conceituais da geografia política e da geopolítica. Apaixonante para alguns e repulsivo para outros, esse campo particular do conhecimento recebeu, durante muito tempo, atenção considerável de importantes estudiosos.

No entanto, vamos além da definição dos conceitos-chave da geografia política e da geopolítica, e buscamos oferecer a você as principais características das escolas da geopolítica clássica, com pensadores como Friedrich Ratzel, fundador da moderna geografia humana; Alfred Thayer Mahan, fundador da Teoria do Poder Marítimo; Halford Mackinder, grande teórico da geopolítica do poder terrestre; Karl Haushofer, representante da Geopolitik alemã (Teoria das Pan-Regiões); e Nicholas Spykman, precursor da geopolítica do Rimland (ou contenção).

Dessa forma, entender as principais escolas da geopolítica clássica e da geografia política é fundamental para compreender a dinâmica e as transformações do espaço geográfico ao longo das décadas, bem como as relações políticas e estratégicas no plano internacional, com ênfase nos acontecimentos contemporâneos.

Para finalizar o capítulo, apresentamos a "Teoria do Sistema-Mundo" (TSM), de Immanuel Wallerstein, publicada em 1999, que contribuiu para delinear a agenda temática da geografia política nas últimas décadas.

1.1 Definições e concepções da geografia política e geopolítica

No meio acadêmico, é comum o questionamento sobre a importância de diferenciar com maestria a geografia política da geopolítica. Muitos teóricos, entre eles geógrafos, historiadores, cientistas políticos, tendem a aproximar conceitualmente essas duas áreas. Entretanto, há pesquisadores que fazem questão de diferenciar as "nomenclaturas", mostrando as principais especificidades entre ambas as áreas do conhecimento? Pensamos que sim. Nesse caso, é salutar apresentar os argumentos e as razões que as distinguem, bem como seus principais precursores, uma vez que a atenção dispensada para esse campo do conhecimento recebeu contribuições de muitos estudiosos, responsáveis pela formação de grupos de estudos sobre a temática. A geografia política e a geopolítica sempre estiveram presentes tanto na academia em diferentes momentos históricos quanto incorporada às ações dos atores políticos.

O grande fundador da geografia política, que sistematizou e lançou as bases conceituais e teóricas dessa área, foi o geógrafo alemão Friedrich Ratzel[1] (1844-1904), com a publicação, em 1897, da obra *Politische Geographie* (*Geografia política*). Em 1902, foi lançada a segunda edição dessa obra com o subtítulo *Uma geografia*

---

1. Foi no livro *Politische Geographie* (*Geografia política*), escrito pelo geógrafo e etnólogo alemão Friedrich Ratzel (criador do termo *lebensraum*, que mais tarde viria a ser utilizado pelos nazistas com o sentido de "espaço vital"), em 1897, em que Rudolf Kjellén obteve inspiração. Este último foi responsável pela operacionalização dos conceitos de Ratzel.

dos Estados, do comércio e da guerra, essencial para o conjunto de sua obra (Costa, 2008).

Contudo, para compreender as ideias de Ratzel, é fundamental apresentar, mesmo que de forma sucinta, o conjunto das condições que o influenciaram, dentre elas, o contexto intelectual e político no qual o teórico desenvolveu os seus trabalhos. O primeiro fato de destaque é que Ratzel não teve formação inicial no campo da geografia, mas em zoologia, em Heidelberg, sofrendo, então, influência direta de Ernst Haeckel,[2] e, consequentemente, do darwinismo, chegando, inclusive, a publicar artigos de forte conteúdo naturalista-evolucionista.

Friedrich Ratzel é considerado um dos principais autores clássicos da geografia moderna, da geopolítica e do determinismo geográfico. Sua principal obra, *Antropogeografia* (1882), foi publicada poucos anos depois da Conferência de Bruxelas e poucos anos antes da Conferência de Berlim. A obra *Politische Geographie* (*Geografia política*) antecede poucos anos a eclosão da primeira confrontação interimperialista de escala mundial (1914). Cabe destacarmos a ênfase dada pelo teórico aos estudos geográficos sobre o homem. Entretanto, a teoria ratzeliana via o ser humano a partir do ponto de vista biológico (não social), portanto, não poderia ser visto fora das relações de causa e efeito que determinam as condições de vida no meio ambiente.

Conforme Costa (2008, p. 30), Ratzel, "como intelectual preocupado com os destinos da Alemanha, participava de uma série

---

2. Ernst Haeckel (1834-1919) foi um biólogo, naturalista, filósofo, médico, professor e artista alemão que ajudou a popularizar o trabalho de Charles Darwin, sendo considerado um dos grandes nomes da ciência alemã.

de atividades acadêmicas voltadas para a questão nacional (como a Liga Pangermanista[3])".

Costa (2008) ainda cita que o contexto histórico do período em que Ratzel viveu durante o processo de unificação da Alemanha (em 1871) foi determinante para muitas das suas análises sobre o papel que caberia ao Estado nesse caso. Outro conceito que influenciou não somente Ratzel, mas os geógrafos e a maioria dos intelectuais alemães, foi o de "povos alemães", fora da Alemanha, concentrados principalmente na Europa do centro e do leste. Enfatizamos nesse caso o atraso na corrida colonial decorrente da unificação tardia alemã diante de outras potências imperiais, como Grã-Bretanha, França, Império Russo e até os Estados Unidos.

No contexto da geografia humana francesa, cabe a Camille Vallaux, ao escrever a obra *Geografia social: o solo e o Estado* (1910), o primeiro estudo completo e sistemático de geografia política desde Ratzel, fazendo uma análise crítica e ao mesmo tempo detalhada das ideias de Ratzel. Além de Vallaux, outros pensadores seguiram Ratzel na evolução da geografia política, conforme explicita Castro (2013), com o intuito de apresentar a sua concepção dos problemas, porém sempre com base na teoria e no método ratzelianos, ora divergindo, ora concordando e em alguns momentos inovando, mas sempre os considerando como referência inicial.

Compete a Ratzel ser um dos grandes influenciadores da geopolítica – embora aparentemente nunca tenha feito uso do termo *geopolítica*, ou *Geopolitik*, em alemão –, repercutindo de forma decisiva sobre os estudiosos da geopolítica. Mais tarde, ofereceu a Rudolf Kjellén (1864-1922), geógrafo sueco, as bases para criar o único ramo que logrou sucesso na sua divisão da política. Ou seja,

---

3. A Liga Pangermanista (em alemão *Pangermanismus* ou *Alldeutsche Bewegung*) foi um movimento político do século XIX que defendia a união dos povos germânicos da Europa central.

desde a publicação da obra *Politische Geographie*, a geografia política tem sido definida como o estudo das relações entre o Estado e o solo, sendo Kjellén um dos primeiros geógrafos a trabalhar com a questão do poder das sociedades nas relações com seus espaços.

Além disso, Ratzel presenciou a constituição real do Estado nacional alemão e a unificação alemã, tendo o pensamento formulado por ele influenciado a *Geopolitik* desse país. No entanto, como a Alemanha estava no período anterior à unificação, o país apresentava como características as tardias relações capitalistas que se conciliaram com as estruturas feudalistas. Dessa forma, como apresenta Carvalho (2002, p. 53), "o poder do Estado alemão, naquele período [sic] estava nas mãos dos 'Junkers'[4], uma vez que, [sic] a condição aristocrática dos mesmos fazia deles oficiais do exército real, diplomatas e altos funcionários na burocracia estatal".

Assim, dois fatores foram fundamentais e contribuíram de forma ímpar para a unificação da Alemanha:

» a Confederação da Alemanha do Norte;
» a repressão aos levantes populares liberais de 1848.

Ainda conforme Carvalho (2002, p. 37-38):

> No caso dos levantes populares liberais de 1848, os mesmos tiveram apoio das classes dominantes, estabelecendo-se, assim, ligações políticas e militares. Alemães de todas as classes desenvolveram uma adoração pelo militarismo prussiano e pelo poder estatal, com sua diretriz maquiavelista de que todos os

---

4. Os *junkers* eram os poderosos aristocratas, proprietários de imensas porções territoriais, na maioria das vezes isentas de tributos, e com poderes suficientes para dominar os governos locais (Carvalho, 2002, p. 38).

meios eram justificáveis se deles resultasse a expansão do poder alemão.

[...] esta unificação reacionária, juntamente com a organização militarizada e um expansionismo latente do Estado alemão, é explicada pela situação da Alemanha no contexto europeu. Isto é, o país emergia como mais uma unidade do centro capitalista, só que sem a presença das colônias.

Assim, a necessidade do expansionismo aumentava à medida que um desenvolvimento interno se consolidava e estimulava o pensamento geográfico. Dessa forma, o capitalismo alemão carecia de soluções práticas, e a geografia apresentava algumas delas.

Se o papel da geografia, tanto para o capitalismo inglês quanto para o capitalismo francês, era "viabilizar" a expansão colonial, o mesmo não se aplicava ao capitalismo alemão, que tinha o objetivo de dar respostas a questões ainda preliminares, ou seja, a unidade alemã.

Foi nesse contexto do cenário alemão que surgiu a figura de Friedrich Ratzel. O teórico desenvolveu suas obras com base em duas dimensões do ambiente ao redor. A primeira – caracterizada entre os séculos XVIII e XIX – corresponde ao "momento histórico de consolidação dos Estados Nacionais na Europa, ou seja, cujas disputas territoriais se estenderam por esses séculos", pontua Castro (2013, p. 70). De certa forma, a Alemanha acabou realizando prolongadas negociações e guerras para a unificação dos Estados germânicos, que foi alcançada com a liderança de Bismarck, em 1870. A segunda dimensão, não menos importante, é marcada pelo ambiente filosófico da Alemanha, que foi fortemente influenciado pela obra de Hegel.

Para Ratzel, a geografia política tinha, portanto, como tarefa:

> demonstrar que o Estado é fundamentalmente uma realidade humana que só se completa sobre o solo do país. Em sua perspectiva, os Estados, em todos os estágios do seu desenvolvimento, são percebidos como organismos que mantêm com o solo uma relação necessária e que devem, por isso, ser considerados sob o ângulo geográfico. Ratzel nota ainda que o sentido geográfico jamais faltou aos pragmáticos homens de Estado, sendo dissimulado sob o nome de "instinto de expansão", de "vocação colonial" ou do "sentido inato do poder", acrescentando que quando se fala de instinto político sadio pensa-se mais frequentemente em uma avaliação correta dos fundamentos geográficos de todo poder político. (Castro, 2013, p. 69)

Ratzel tinha uma sensibilidade para o universo das relações sociais, econômicas, políticas e territoriais que o conduziu à pesquisa do aspecto visível das coisas, considerando implicitamente o universo relacional. Dessa forma, como pontua Castro (2013, p. 71), sua preocupação era compreender "este poder que faz 'mover' o mundo, que abre as rotas e desenvolve o comércio, joga as nações umas contra as outras, empurra as armas para a frente e finalmente engendra desequilíbrios de todos os tipos, verificados em cada escala das relações".

Ou seja, na realidade, Ratzel percebeu e registrou o processo de consolidação dos Estados nacionais que se dava pela submissão do território: de modo objetivo, pela lei e pela força, e simbólico, pela construção do imaginário nacional.

Assim, Castro (2013, p. 71) pontua:

> Nesse processo, o território era não apenas um trunfo, mas a própria essência do processo, e, com as suas reflexões, Ratzel respondeu à questão colocada no século XIX europeu para os Estados tardios. Não é de se estranhar, portanto, que a sua geografia política tivesse sido uma geografia do Estado.

Para Castro (2013, p. 17), em sua obra *Geografia política: território, escalas de ação e instituições*, a geografia política é definida como "um conjunto de ideias políticas e acadêmicas sobre as relações da geografia e vice-versa". A autora ainda argumenta que a geografia política é "o ramo [da geografia] voltado para as questões relativas ao Estado: localização, posição, território, recursos, fronteiras, população, relação com outros estados" (Castro, 2013, p. 43-44). Ela destaca que está tratando do Estado moderno territorial.

Assim, é fundamental salientarmos que o conhecimento produzido pela geografia política resulta, portanto, da interpretação dos fatos políticos, em diferentes momentos e em diferentes escalas (local, regional, nacional e internacional), como suporte em uma reflexão teórico-conceitual desenvolvida na própria geografia ou em outros campos, como a ciência política, sociologia, antropologia, relações internacionais (Castro, 2013, p. 17).

A geografia política em sua origem, diferentemente do entendimento atual, assumiu o compromisso de compreender o modo pelo qual as relações políticas são influenciadas pela geografia (Castro, 2013, p. 17). Assim, no momento da institucionalização como ramo da geografia no final do século XIX, a geografia política procurou na natureza, com o determinismo geográfico, o marco teórico para explicar a vida política. Castro argumenta, portanto, que não pode haver geografia política que não incorpore a política.

Dessa forma, para Pires (2015), um dos objetivos da geografia política é considerar como os fenômenos políticos se territorializam e recortam espaços significativos das relações sociais, dos seus interesses, solidariedades, conflitos, controle, dominação e poder. Quais seriam então esses espaços? Se pensarmos em uma linguagem geográfica, poderíamos identificá-los como fronteiras, centro e periferia, guetos, unidades políticas, entre outros. Ou seja, no que se refere à análise desses espaços, Castro (1995) infere que o recurso ao artifício metodológico da escala tem sido uma perspectiva adequada porque identifica o significado das escalas de ação institucional e os recortes territoriais produzidos por essa ação.

Para a análise em geografia política, a escala tem uma importância ímpar, pois propõe uma abordagem conceitual que define a escala política e é considerada como delimitadora de espaços significativos, podendo organizar o campo da geografia política, ampliando seu escopo pela incorporação das escalas, quer sejam locais (urbana ou regional), quer seja internacional.

Destarte, é importante retomar alguns fundamentos da geografia política de Ratzel, uma vez que, como um intelectual do seu tempo, para ele o nacionalismo, como estratégia de consolidação do Estado alemão, era mais importante do que a própria adesão a uma ética política de defesa dos povos e dos Estados mais fracos.

Alguns dos princípios norteadores de Ratzel já haviam sido, mesmo que de forma embrionária, utilizados pelo teórico Carl Ritter, um dos seus antecessores. Portanto, foi com o primeiro que a geografia passou a ter mais transparência, tanto no que se refere ao comprometimento quanto aos desígnios imperialistas da burguesia alemã.

A chamada "geografia ratzeliana", ou *Geopolitik*, é a ideologia do imperialismo alemão, mas seu fundo está na concepção de Moreira (2009) de que a ideologia é comum ao imperialismo. Já a noção de sociedade como organismo e a concepção naturalista do desenvolvimento da sociedade humana são influências da obra de Herbert Spencer[5]. Este é considerado o fundador da teoria do darwinismo social, em que as classes diferenciadas formariam a seleção natural na sociedade. Essa concepção teve também grande influência em estudiosos como Émile Durkheim.

Na perspectiva de Moreira (2009, p. 71), a "teoria evolucionista de Darwin fascinará Ratzel, sobretudo a 'Teoria da seleção natural das espécies', segundo a qual, na busca da sobrevivência, as espécies travam luta intensa que sempre resulta na sobrevivência do mais forte". Essa luta é basicamente pelo **espaço** e **território**.[6] Spencer trouxe essa ótica para as relações entre os homens, o que não lhe foi difícil, uma vez que, na própria obra de Darwin, o que transparece como a dinâmica da evolução das espécies "coincide" com a forma como os homens vivem suas relações sob o capitalismo.

Na verdade, portanto, ainda segundo esse autor, "as relações capitalistas são 'naturalizadas' na obra de Darwin, e depois

---

5. Herbert Spencer (1820-1903) nasceu em Derby, Inglaterra. Filósofo, biólogo e antropólogo, foi um dos representantes do liberalismo clássico, considerado um dos maiores representantes do positivismo na Inglaterra.

6. Uma das funções da geografia é investigar a dimensão espacial do território na sociedade, sobre a qual o Estado, no exercício de seu poder e no controle de ações no território, exercita a sua soberania. Nesse sentido, para Souza (2012, p. 86), o conceito de *território* pode ser apreendido como "um campo de forças, teia ou rede de relações sociais que define limite e alteridade" e não como "substrato espacial material que serve de referência para qualquer (tentativa de) territorialização, pois diversamente do substrato, os territórios não são matéria tangível, palpável" (Souza, 2013, p. 89). Na concepção de Arendt e de acordo com as ideias de Clausewitz, o "território é fundamentalmente um espaço definido e delimitado por e a partir de relações de poder". É essencialmente concebido como "um instrumento de exercício de poder" (Arendt, 1989, p. 49), permeado de conflitos e contradições sociais.

Spencer as traz de novo, já 'naturais', para a sociedade dos homens" (Moreira, 2009, p. 18). A ótica spenceriana foi levada por Ratzel para o nível do Estado. Para Spencer, a **sociedade** é um **organismo**, enquanto Ratzel diz isso do **Estado**. Já a teoria do espaço vital (em alemão *Lebensraum*) preconiza que, à medida que uma sociedade se desenvolve, ela demandará mais espaço e recursos. Assim, para sustentar esse crescimento, obrigatoriamente precisa se expandir continuamente, conquistando novos territórios. Desse modo, o espaço vital é o espaço geográfico necessário para que determinado Estado garanta os meios necessários para seu desenvolvimento.

Vale lembrarmos que a teoria do espaço vital é derivada da ideia do "determinismo geográfico", segundo a qual, para Ratzel, o meio influencia a atividade humana, clima, relevo, disponibilidade de água e demais recursos naturais. Isso significa que, quanto maior o espaço territorial, mais recursos haverá para aquela civilização se desenvolver e prosperar. O que é bem lógico, se levarmos em conta os impactos da Revolução Industrial e a corrida neocolonial.

A cadeia de raciocínio de Ratzel é linear: para o teórico, os homens agrupam-se em sociedade. A sociedade é o Estado, e o Estado é um organismo (Moreira, 1981).

> A sociedade e o Estado são o fruto orgânico do determinismo do meio (...). Os Estados necessitam de espaço, como as espécies, por isto lutam pelo seu domínio como as espécies. A subsistência, energia, vitalidade e o crescimento dos Estados têm por motor a busca e conquista de novos espaços. Troquemos "Estado" por "imperialismo" e entenderemos Ratzel. (Moreira, 1981, citado por Moretti, 1993, p. 71-72)

Portanto, em sua obra *Politische Geographie* (*Geografia política*), Ratzel argumenta que o Estado deve ser estudado do ponto de vista geográfico. Em suma, sua teoria está solidificada sobre três ideias: **espaço**, **posição** e **organismo**.

Concisamente, podemos afirmar que a geografia política se dedica à análise do papel do Estado na medida em que ele exerce o controle de seu espaço interno – seu território[7] – e estabelece relações no âmbito da política externa (Alves, 2016).

Ao contrário da geografia política, Ratzel não será, todavia, o criador da geopolítica e, muito menos, o criador da terminologia. No entanto, como já destacado anteriormente em nosso texto, é nele que se encontra o embrião na sua forma mais acabada. Para exemplificar melhor, a expressão **geopolítica** será cunhada pelo cientista político e geógrafo Rudolf Kjellén (1864-1922). Sueco germanófilo e catedrático de Direito Político nas Universidades

---

7. "O *território* [...] é fundamentalmente *um espaço definido e delimitado por e a partir de relações de poder*. A questão primordial, aqui, não é, na realidade, *quais são as características geoecológicas e os recursos naturais de uma certa área, o que se produz ou quem produz em um dado espaço*, ou ainda *quais as ligações afetivas e de identidade entre um grupo social e seu espaço*. Estes aspectos podem ser de crucial importância para a compreensão da gênese de um território ou do interesse por tomá-lo ou mantê-lo [...]" (Souza, 1995, p. 78-79, grifo do original). Estado e território são dois conceitos que não podem ser dissociados, uma vez que o Estado é de imediato definido como um Estado dotado de um território. Isto é, na concepção de Moraes (2005), entre os qualificativos do Estado moderno – uma forma de Estado específica e historicamente localizada –, está o fato de ele ter um espaço demarcado de exercício de poder, o qual pode estar, na concepção do autor, integralmente sob seu efeito de controle ou conter partes que constituem objeto de seu apetite territorial. O autor ainda apresenta que, "de todo o modo, a modernidade fornece uma referência espacial clara para o exercício do poder estatal: uma jurisdição" (Moraes, 2005, p. 51). Trata-se, pois, de um Estado Territorial. A construção política dessa jurisdição pressupõe um domínio territorial efetivo sobre uma porção da superfície terrestre, a qual se qualifica como base física desse poder, expresso num aparato estatal. No entanto, a consolidação desse amálgama entre Estado e território ocorre como um processo lento (plurissecular), no qual aquela extensão areolar tem de ser organizada e operada como um espaço político, jurídico, econômico e cultural, até resultar numa unidade tomada de formação territorial-estatal, a forma geográfica de analisar a formação de um Estado moderno (Moraes, 2005).

de Gotemburgo e Upsalla, esse autor utiliza a expressão em sua obra *O Estado como forma de vida*, publicada em 1916.

Para Costa (1992, p. 56), Alfred Mahan, almirante e historiador estadunidense, ao publicar a obra *The Influence of Sea Power upon History*, em 1980, define a geopolítica como ramo autônomo da ciência política, distinguindo-a da geografia política, para ele um sub-ramo da geografia. Tomando de Ratzel a ideia de Estado como organismo territorial, ele o reduz a um organismo de tipo biológico.

A obra *The Influence of Sea Power upon History* apresenta um estudo detalhado sobre as guerras navais e demonstra como o poderio naval explicava a maior parte da história. A preocupação central da obra é discutir os fundamentos da estratégia naval. Mahan acreditava ainda, como a maioria dos geopolíticos clássicos, na responsabilidade do homem branco pelo processo de desenvolvimento civilizatório da espécie humana (Carvalho, 2002).

A geopolítica (*Geopolitik*) tornou-se conhecida a partir do final da Primeira Guerra Mundial (1914-1918) e, sobretudo, na década de 1930, na Alemanha nazista, ou seja, quando se viu afirmado seu sentido prático. No entanto, ela já havia surgido no final do século XIX.

Vesentini (1995, p. 19) afirma que

> o pensamento geopolítico clássico sempre foi voltado para o estudo dos Estados em seus territórios políticos, com ênfase especial na questão das "Grandes Potências" – sua definição, sua dinâmica e suas alterações na história e principalmente as formas possíveis de um estado alcançar esse status.

Ainda segundo Vesentini (1995), de forma oficial, os trabalhos que marcam o início da geopolítica, quando a palavra foi criada, tiveram justamente como preocupação o estudo do Estado moderno, suas relações com o território e as "grandes potências" de uma época histórica da geopolítica mundial. Alguns teóricos se destacaram na geopolítica, entre eles Halford John MacKinder (1861-1947), Karl Haushofer (1869-1946) (que figuraram como personagens políticas importantes para além do âmbito da geografia acadêmica), Alfred Thayer Mahan (1840-1914), entre outros, que serão tratados na seção "Geografia política contemporânea", neste capítulo.

Mas, afinal, como podemos definir *geopolítica*? Na concepção do bem conhecido sociólogo brasileiro Josué de Castro (1968, p. 27):

> O sentido real da palavra geopolítica é o de uma disciplina científica, que busca estabelecer as correlações existentes entre os fatores geográficos e os fenômenos de categoria política, a fim de demonstrar que as diretrizes políticas não têm sentido fora dos quadros geográficos, isto é, destacada das realidades e das contingências do meio natural e do meio cultural.

Na concepção de Silva (1981, p. 64), no entanto, a geopolítica "nada mais é que a fundamentação geográfica de linhas de ação política, quando não, por iniciativa, a proposição de diretrizes políticas formuladas à luz dos fatores geográficos, em particular de uma análise calcada, sobretudo, nos conceitos básicos de espaço e de posição".

Para Vesentini (2000), a geopolítica busca entender as correlações de força no âmbito territorial, com ênfase no espaço mundial; as correlações de força, sempre com enfoque militar, hoje absorvem informações econômico-tecnológicas, culturais e sociais. Nos pressupostos de Costa (2008, p. 55), a geopolítica

> é antes de tudo um subproduto e um reducionismo técnico e pragmático da geografia política, na medida em que se apropria de parte de seus postulados gerais, para aplicá-los na análise de situações concretas interessando ao jogo de forças estatais projetado no espaço.

Christian Caubet afirma que, para Karl Haushofer, representante mais ilustre do Instituto de Munique, a geopolítica é "a base científica da arte da atuação política na luta de vida ou morte dos organismos estatais pelo espaço vital" (Caubet, 1984, p. 59). Além da definição de Haushofer, Magnoli (1991, p. 12) parte das ideias de Kjellén para definir a geopolítica "como a ciência que concebe o Estado como organismo geográfico ou como um fenômeno no espaço".

No cenário brasileiro, Everardo Backheuser é considerado o precursor dos estudos geopolíticos, assim como Golbery do Couto e Silva, que exerceu várias funções, sendo reconhecido principalmente como um dos principais teóricos da Doutrina de Segurança Nacional entre os anos 1949 e 1966. Além de considerado um dos grandes geopolíticos brasileiros, Backheuser foi general, exercendo funções nos governos militares e na própria Escola Superior de Guerra.

Para a pesquisadora e teórica Bertha Becker (2005, p. 71),

> a geopolítica é um campo do conhecimento que analisa relações entre poder e espaço geográfico. Igualmente, a geopolítica sempre se caracterizou

pela presença de pressões de todo tipo, quer seja intervenções no cenário internacional desde as mais brandas até guerras e conquistas de territórios. Porém, atualmente, esta geopolítica atua, sobretudo, por meio do poder de influenciar na tomada de decisão dos Estados sobre o uso do território, uma vez que a conquista de territórios e as colônias tornaram-se muito caras.

No entendimento dessa autora, o que fica evidente é o fortalecimento do que se chama *coerção velada*, em que existem pressões de diversas ordens que influenciam na decisão dos Estados sobre o uso de seus territórios. Destarte, a revolução científico-tecnológica está fortemente relacionada com essa mudança, pois ela amplia a comunicação e a circulação no planeta por meio de fluxos e redes que aceleram e ampliam as escalas de comunicação e de relações, configurando, assim, espaços-tempos diferenciados – uma vez que o espaço sempre foi associado ao tempo.

No entanto, atualmente, as raízes da geopolítica contemporânea se firmam na acentuação de diferentes espaços-tempos. Assim, para que possamos explicar melhor essa dinâmica, vamos usar como exemplo as redes. Os países desenvolvidos (com os melhores Índices de Desenvolvimento Humano – IDH) são os detentores de tecnologias que desenvolvem as redes. Em outras palavras, são os centros do poder, nos quais o avanço tecnológico é expressivo e a circulação planetária permite que se selecionem territórios para investimentos, e também dependem das potencialidades dos próprios territórios. Como consequência, as redes se socializam pelo fato de expandirem e sustentarem as riquezas circulantes, financeiras e informacionais. O resultado dessa socialização, na concepção de Becker (2005), gera movimentos sociais importantes, os quais também tendem a se transnacionalizarem.

Becker (2005) mostra que atualmente existem dois movimentos internacionais. O primeiro refere-se ao nível do sistema financeiro, da informação, do domínio do poder efetivamente das potências. O segundo é o da tendência ao internacionalismo dos movimentos sociais. Portanto, como conclui a autora, todos os agentes sociais organizados e corporações, além das organizações religiosas e os movimentos sociais, que acima e abaixo da escala do Estado têm suas próprias territorialidades, bem como suas próprias geopolíticas, tendem a se articular, configurando uma conformação mundial bastante complexa.

1.2 Teorias da geopolítica clássica

Com o surgimento da geopolítica, nasceram várias escolas e correntes de pensamento com teorias distintas, com destaque para pensadores como: Friedrich Ratzel (fundador da moderna geografia humana), Alfred Thayer Mahan[8] (fundador da Teoria do Poder Marítimo), Halford Mackinder (geopolítica do poder terrestre), Karl Haushofer (Teoria das Pan-Regiões) e Nicholas Spykman (Teoria do Rimland).

---

8. Para conhecer mais sobre os fundamentos e a originalidade do pensamento de Mahan, acesse: RIBEIRO, A. M. F. da S. Mahan e as marinhas como instrumento político. **Revista Militar**, n. 2500, maio 2010. Disponível em: <http://www.revistamilitar.pt/artigo/569>. Acesso em: 28 jun. 2018.

1.2.1 Alfred Thayer Mahan e a Teoria do Poder Marítimo

O grande formulador da Teoria do Poder Marítimo, Alfred Thayer Mahan (1840-1914), nasceu em West Point, Nova York. Das muitas influências que recebeu em toda a sua trajetória acadêmica, seu grande e primeiro influenciador foi Dennis Mahan (1802-1871), seu pai, que era teórico militar e professor da academia militar nos Estados Unidos.

Alfred Mahan ainda estava na ativa quando se destacou como instrutor na Escola Naval em 1862, na Marinha de Guerra e também na Escola de Guerra Naval estadunidense (1886-89, 1892-93). Além disso, exercia a função de escritor.

Para entender como a Grã-Bretanha dominou os mares por 300 anos e ao mesmo tempo compreender os instrumentos de ação por ela utilizados para esse predomínio, Mahan publicou, em 1890, a sua obra clássica *The Influence of Sea Power Upon History: 1660-1783*. Nela, ele discutiu a história naval britânica (Violante, 2015). Além disso, devido a sua visão estratégica, explicou e previu guerras, assim como instabilidades globais.

Portanto, é reconhecido como precursor das teorias geopolíticas sobre o poder marítimo na época contemporânea, embora caiba destacarmos que na geopolítica muitos foram os que analisaram o papel dos oceanos e a sua influência no fortalecimento do poder dos Estados. Contudo, nenhuma pessoa influenciou tão direta e profundamente a Teoria do Poder Marítimo como Mahan. Ele apresentou os seis elementos fundamentais da supremacia naval:

1. posição geográfica;
2. formação física;
3. extensão territorial;

4. tamanho da população;
5. caráter do povo;
6. caráter do governo.

Alguns fatores foram importantes para que o pesquisador Mahan se credenciasse como um autêntico teórico do expansionismo. O primeiro deles é fato de ter realizado seus estudos no período da "grande inflexão" da política externa norte-americana, e especialmente pela emergência dos Estados Unidos como potência marítima e mundial. Outro fator importante, conforme Costa (2008), deve-se ao ambiente cultural e ideológico em que estava o país no momento, quando vários ideólogos do imperialismo popularizavam a filosofia germânica do nacionalismo, que não via oposição entre democracia e imperialismo.

Mahan, além de ser credenciado como um autêntico teórico do expansionismo, influenciou, por exemplo, o chamado *Navy Act*, de 1916, ou *Big Navy Act*, além da construção do Canal do Panamá para melhorar a comunicação entre as frotas do Pacífico e do Atlântico; a política do *"Big Stick"*, para consolidar a hegemonia na América Central e no Caribe – chamado, por Mello (1999), de "mediterrâneo americano" – e a expansão para as ilhas do Pacífico no final do século XIX.

Para Costa (2008, p. 68), a construção do Canal do Panamá era uma disputa entre os Estados Unidos e a Inglaterra desde 1850:

> desde 1850 os EUA e a Inglaterra almejavam uma via de comunicação marítima entre os dois oceanos na região (tratado de Clayton-Bulwer). Em 1901, por um novo tratado (Hay-Pauncefote), os EUA adquiriam o direito de "construir, manter e controlar o referido canal". Após estimular e auxiliar militarmente um

levante dos panamenhos contra a Colômbia adquire do Panamá a faixa de terras necessárias e inicia a construção, concluída em 1914.

Nesse contexto, Costa (2008) analisa que, por basear-se numa concepção integrada de todas as atividades relacionadas ao mar, Mahan contribuiu de forma direta e proporcionou uma abordagem inovadora para o poder marítimo. Isso ocorreu, sobretudo, uma vez que suas teorias não se restringiram, como era tradicional, às análises sobre o poder naval ou o comércio marítimo, tomados separadamente. Segundo Mello (1999, p. 46), o poder naval é "mais restrito e se manifesta como poder especificamente militar, ao passo que o poder marítimo é mais abrangente e se concretiza na capacidade política, econômica e militar de uma potência em usar o mar". Dessa forma, o termo "naval" está relacionado aos aspectos militares da estratégia, enquanto o termo "marítimo", por ser mais abrangente, envolve, além do militar, os aspectos político-econômicos, geopolíticos e psicossociais. Essa ênfase levaria em consideração aspectos como a natureza e o grau de envolvimento de toda a população de um país com as atividades marítimas, decorrendo daí as possibilidades concretas de constituição de um poder de fato nessa área. Para Costa (2008), a pesquisa sobre os primórdios da civilização ocupou boa parte dos estudos de Mahan, buscando realizar uma revisão histórica sobre o tema, deixando sempre clara a sua admiração pela Inglaterra e por seu domínio dos mares.

No que concerne ao geopolítico do poder marítimo, alguns fatores são importantes para entender a teoria de Mahan. Ele concebe os oceanos e mares como um vasto espaço social e político com características próprias que o distingue dos espaços terrestres, apresentando, no entanto, uma articulação com estes últimos por meio dos portos e das vias de comunicações interiores. O mar sempre foi considerado uma fonte de poder, desde a Antiguidade, já que ele foi um dos primeiros obstáculos a serem transpostos. Assim, quem não o conseguisse dominar, ou dele se encontrasse afastado, teria ínfimas possibilidades de expansão.

Para Mahan, até o advento das estradas terrestres, as articulações com os continentes dependiam quase exclusivamente das vias navegáveis interiores, o que de fato logrou êxito para países como Holanda e Alemanha. Assim, com o advento das vias terrestres, as relações entre os dois espaços se tornam maiores, o que contribui para o comércio mundial e a circulação (Costa, 2008).

> Do ponto de vista lógico, essa interdependência opera em termos de uma procedência necessária da marinha mercante em relação à de guerra, de modo que é em função da vocação marítima e do comércio que as nações decidirão ou não por uma marinha de guerra. Nas "potências militares agressivas", a marinha mercante é submetida completamente aos objetivos militares, tornando-se um ramo da marinha de guerra. (Costa, 2008, p. 70)

Desse modo, o poderio marítimo de uma nação dependeria, notadamente, da sua capacidade em instalar e ao mesmo tempo manter em funcionamento essa rede de pontos de apoio (colônias e postos coloniais), por possuir um valor econômico e estratégico. Devemos ressaltar que o papel da posição geográfica está em primeiro lugar no que se refere às condições específicas que definem o poder marítimo. Além disso, quanto à extensão do território e a sua influência no poder marítimo, Mahan, na concepção de Costa (2008), é categórico ao considerar que, mais que o total de quilômetros quadrados de um território, o que conta de fato é a extensão de seu litoral e as características de seus portos. Contudo, se não forem considerados o tamanho e a distribuição de sua população, tais fatores se tornam inválidos.

Outros dois fatores são apresentados pelo teórico: o "Caráter Nacional" e o "Caráter de Governo". O primeiro apresenta as direções seguidas pelos países com relação às atividades em geral e especialmente aquelas ligadas ao mar. Nesse caso, Mahan cita exemplos da Espanha e Portugal para mostrar que a exploração baseada simplesmente na "caça à riqueza imediata", como de ouro e prata, é efêmera e ao mesmo tempo de pouco efeito quando não articulada a outras atividades econômicas, principalmente a indústria.

Já o "Caráter de Governo", para o poder marítimo, é entendido como a combinação do governo e das instituições de um país. Destarte, Mahan apresenta uma curiosa distinção entre as políticas de governos tidos como democráticos e despóticos com relação aos "negócios marítimos", e conclui que a eficácia é maior nos governos apresentados como democráticos. Para Costa (1992, p. 95), a perspectiva de Mahan se justifica, pois:

> um governo só terá sucesso em sua política voltada para a construção de um poder marítimo quando essa política estiver fundamentada numa vontade nacional expressa democraticamente em tal direção. [...]. Daí porque governos despóticos poderão constituir marinhas de guerra e um poder naval, mas dificilmente os transformarão num poder marítimo efetivo e duradouro, pois esta iniciativa estará desconectada do "caráter nacional" e da "vontade geral".

Ou seja, conforme a visão de Costa (1992), os governos tidos como democráticos apresentam mais probabilidade e perspectivas para a efetivação de suas políticas, em detrimento dos regimes autoritários.

1.2.2 Halford Mackinder e a Teoria do Poder Terrestre

Halford John Mackinder (1861-1947) foi um geógrafo e político britânico que nasceu em Gainsborough, no Reino Unido. Muitas e grandes ideias são atribuídas a Mackinder, entre elas, a teoria da geopolítica clássica, que se contrapunha à teoria do poderio naval de Mahan. Mackinder considerava que a geografia era a base da história e, com isso, contribuiu para a construção de uma teoria que tem na geoestratégia a chave para a hegemonia mundial (o poder terrestre, e não o naval, como dizia Mahan).

Assim, podemos dizer que a primeira grande corrente clássica da geopolítica foi desenvolvida por Mackinder, que ocupa inegavelmente uma posição de destaque na história dessa ciência. Primeiro, por ter acompanhado de perto a situação do seu país e do mundo em quatro períodos bastante significativos para a história e em particular para a evolução do pensamento geográfico-político: a transição do século XIX para o XX, com as transformações no continente europeu que afetaram o mundo, dentre elas o fortalecimento do Império Britânico e as disputas interimperialistas que culminaram na Primeira Guerra Mundial; o desenrolar da guerra e suas consequências; o período interguerras (1919-1939); e, finalmente, a Segunda Guerra Mundial (1939-1945) e suas consequências imediatas para o mundo (Costa, 2008).

Mackinder criou alguns conceitos que se tornaram clássicos e são reproduzidos praticamente por todos os demais geopolíticos.

Entre os principais estão os conceitos de *Pivot Area*, *World Island* e *Heartland*,[9] que, conforme sua definição, são:

» *World Island* – Grande bloco de terras denominado Velho Mundo (África e Eurásia), no qual, de acordo com seus estudos, havia a maior população e onde ocorreu as maiores guerras da humanidade.

» *Pivot Area* – Situa-se dentro do *world island*. Imensa região central localizada em parte da Europa e da Ásia.

» *Heartland* – Região geoestratégica do planeta, no coração da *Pivot Area*, que corresponde aproximadamente ao que chamamos hoje de Europa Oriental.

Assim, para Mackinder (citado por Vesentini, 2004), "quem controla a *Heartland* [coração-terra] domina a *Pivot Area*, e quem domina a *Pivot Area* controla a 'ilha mundial', e quem controla a 'ilha mundial' domina o mundo".

Em 1904, Mackinder apresentou em Londres, diante da Royal Geographical Society, seu artigo sobre a Teoria da *Pivot Area* (que também pode ser denominada *Área Pivô*), em uma conferência intitulada o "Pivô Geográfico da História" *(The Geographical Pivot of History)*. Quase uma década e meia depois, mais precisamente em 1919, publicou o livro *Democratic Ideals and Reality: a Study in the Politics of Reconstruction*, em que examina a situação do pós-guerra e modifica algumas das ideias do artigo de 1904, "O pivô geográfico da história", alterando essencialmente os traços de sua visão geográfica do sistema político mundial.

---

9. Cabe lembrarmos ao leitor que *Pivot Area* e *Heartland* são basicamente os mesmos conceitos, mas a nomenclatura mudou conforme as obras e os anos. Em 1904, era chamado de *Pivot Area*; em 1919, foi renomeado *Heartland*. Para saber mais, ver: MELLO, L. I. A. **Quem tem medo da geopolítica?** São Paulo: Hucitec, 1999.

Durante a Segunda-Guerra Mundial, no ano de 1943, publicou um pequeno artigo intitulado "O muro redondo e a conquista da paz", um breve comentário sobre as suas ideias geopolíticas (Costa, 2008).

Mapa 1.1 - Área Pivô de Mackinder de 1904

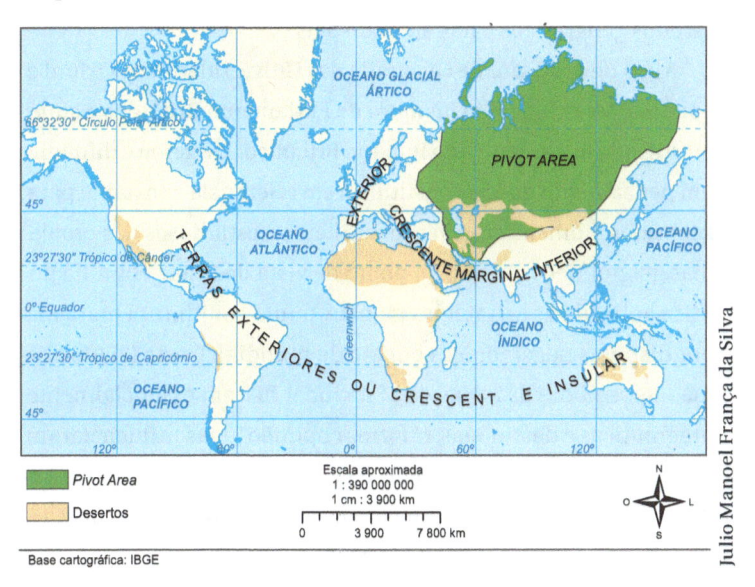

Fonte: Neves, 2014.

Uma segunda observação que deve ser destacada em relação a Mackinder é a sua criticidade em relação aos colegas geógrafos: ele não poupava críticas, caso não concordasse com as teorias postas pelos que o cercavam no campo científico. Uma das grandes críticas que Mackinder tecia focava-se na pouca atenção dedicada pelos geógrafos aos fatos da política em seus estudos, o que, para Costa (2008), afastava a disciplina dos debates das questões nacionais e internacionais.

Segundo Costa (2008, p. 77), se "em Ratzel esse engajamento ocorreria pela compreensão das relações entre o Estado, o território e o 'Projeto geopolítico alemão', em Mackinder ele deveria operar-se pela introdução de uma 'visão estratégica global' nos estudos geográficos e nas elites do país".

Além de professor de Geografia das Universidades de Oxford e Londres, Mackinder era membro do Parlamento Britânico e autor prestigiado fora e dentro do Império Britânico. Ele gerou e difundiu um pensamento que se constituiria em referência constante para geógrafos, homens de governo, militares e estudiosos dos problemas geopolíticos. Assim, do ponto de vista de uma geografia política aplicada às estratégias globais, numa conjuntura marcada por disputas hegemônicas em escala mundial, Costa (2008) afirma que, embora as ideias de Mackinder fossem essencialmente pragmáticas e destinadas a "formar opinião", elas influenciaram uma ampla área do pensamento geopolítico, até mesmo pensadores que não comungavam com o seu pensamento, como Karl Haushofer e Hans Werner Weigert.

Haushofer tomou emprestado o conceito de *Heartland* e o aplicou à geopolítica alemã envolvida pelos projetos do Terceiro Reich (1933). Já Weigert, considerado um dos mais ferrenhos adversários dessa geopolítica, definiu Mackinder como um notável representante de uma vertente da geografia caracterizada por ter uma "visão global" do sistema político mundial, argumenta Costa (2008). Dessa forma, para Weigert[10], todos os geógrafos deveriam

---

10. Hans Werner Weigert (1902-1983) nasceu em Berlim, na Alemanha. Entre suas principais obras, podemos destacar: *Principles of Political Geography* (*Princípios da geografia política*) e *Generals and Geographers: The Twilight of Geopolitics* (*Generais e geógrafos: o crepúsculo da geopolítica*).

adotar essa postura, uma vez que ela era imprescindível no seu papel de defesa da integridade do conjunto constituído pelas "democracias ocidentais".

O autor apresentou diferenciadores da análise geopolítica. Um primeiro diferenciador é aquele em que o pragmatismo de Mackinder, por ele entendido como realismo, caracteriza-se por uma tentativa permanente de aliar os elementos empíricos fornecidos pelos estudos correntes produzidos pela geografia à análise política do equilíbrio de poder do quadro internacional, como apresenta Costa (2008). Assim, com a associação peculiar, surgiria então a geopolítica. O teórico (como já citado anteriormente) fazia duros e ácidos julgamentos, em que criticava o que interpretava como ingenuidade ou limitação da visão nacional e internacional, presentes na elite e no cidadão em geral, os quais tendiam a pensar nos conflitos mundiais segundo as molduras clássicas dos regimes democrático-liberais. Portanto, essa seria a ideia de que a civilização ocidental comportar-se-ia mediante regras, aspirações e motivações de certo modo similares para todos.

Costa (2008, p. 78) mostra que, para Mackinder,

> este teria sido o equívoco quase fatal para os britânicos e demais "povos livres", que teimavam em não reconhecer a fragilidade do equilíbrio mundial e o avanço de Estados-nações sob regimes "despóticos", dispostos e preparados para a guerra de expansão na Europa e no mundo.

Ainda na concepção de Costa (2008, p. 79), "um segundo diferenciador da análise geopolítica do autor faz alusão à excepcionalidade de sua perspectiva em face do que se poderia presumir de uma postura tipicamente inglesa frente à conjuntura (europeia e mundial) da pré-Primeira Guerra".

Para Mello (1999, p. 27),

> no que se refere à visão do mundo como sistema político fechado,[11] é importante relembrar que no ano de 1904, no período da conferência de Mackinder, a expansão das grandes potências europeias estava praticamente concluída. No entanto, encerrava-se ali o ciclo histórico que o geógrafo britânico denominou de época colombiana. A chamada época colombiana, iniciado [sic] quatro séculos antes por dois outros movimentos expansionistas realizados simultaneamente a partir dos pontos extremos da Europa [sic].

Dessa forma, a Teoria do Poder Terrestre apresentada pelo teórico Mackinder tem como essência e elemento-chave a concorrência pela hegemonia mundial entre grandes potências, o que, evidentemente, podemos resumir em uma rivalidade histórica entre dois polos antagônicos, o poder marítimo e o poder terrestre, afirma Villa (2000). Assim, os Estados Unidos (Mackinder pensava na Grã-Bretanha como império marítimo e talassocrático) seriam, na linha de argumentação formulada por Zbigniew Brzezinski, os herdeiros históricos do poder marítimo, devendo assegurar uma incontestável hegemonia no continente americano, conter o expansionismo japonês no Extremo Oriente e,

---

11. No Sistema Político Fechado, o centro seria uma grande massa terrestre, região que corresponde a Europa, Ásia e África. Portanto, a concepção de Mackinder tem como elementos ordenadores a visão compreensiva do mundo como Sistema Político Fechado, a ideia de história universal baseada na causalidade geográfica e o postulado da luta pela supremacia entre o poder marítimo e o poder terrestre.

em médio prazo, arrebatar da Inglaterra a supremacia marítima mundial (Mello, 1999).

Ainda na concepção do teórico, alguns observadores mais astutos vislumbravam enormes rachaduras no sistema internacional. Com isso, Mackinder realizou sua "revolução copernicana" ao colocar em xeque a consagrada Teoria do Poder Marítimo. Destarte, essa revolução

> consistia na formulação da teoria do poder terrestre cuja pedra angular era o papel atribuído a *pivot area* – a região-pivô, na política de poder das grandes potências. Assim, o termo *area pivot* designava o grande núcleo do continente euroasiático e seus limites correspondiam, em linhas gerais, ao gigantesco território da Rússia Czarista. (Mello, 1999, p. 16)

Ainda para Mello (1999, p. 16),

> com a exploração dos imensos recursos daquela região basilar, daria ao Estado que a controlasse na concepção de Mackinder condições para desenvolver uma economia autárquica e um inexpugnável poder terrestre. Entrincheirado no coração do Velho Continente, esse poder terrestre autossuficiente poderia resistir ao assédio e às pressões do poder marítimo, cujo raio de ação limitava-se às ilhas próximas e regiões costeiras da Eurásia.

Dessa forma, Mello (1999, p. 16) explicita que:

> se a fortaleza continental conseguisse apossar-se de uma vasta frente oceânica, o poder terrestre poderia canalizar parte de seus vastos recursos para o desenvolvimento de um poder marítimo. A ascensão de um poder anfíbio, sem rival no continente eurasiático e capaz de rivalizar com a Grã-Bretanha, Reino Unido ou Império Britânico nos oceanos, acabaria finalmente por suplantar o poder marítimo britânico na luta pela preponderância mundial.

Uma preocupação tida como constante e recorrente na reflexão geopolítica e estratégica, na teoria do geopolítico britânico Mackinder, era, como cita Mello (1999, p. 17-18), "a possibilidade de transformação do poder terrestre num poder anfíbio, que viesse ultrapassar o poder marítimo britânico". Ainda na concepção de Mackinder, isso poderia acontecer caso a Rússia, que controlava a *Pivot Area* eurasiana, se aliasse à Alemanha, o mais poderoso e industrializado Estado no continente europeu.

Tendo em vista que a teoria de Mackinder completou 100 anos em 2004, podemos fazer um questionamento: Em que medida tal teoria permanece atual depois de um século? Assim, para entendermos a importância da teoria e para responder a essa pergunta, é fundamental que se revisite Mackinder em quatro grandes frentes, com a estrutura apresentada por Mello (1999, p. 25):

I. é fundamental fazer uma releitura da obra do teórico, para restaurar o percurso de seu pensamento geopolítico e realizar um balanço crítico do que se convencionou denominar teoria do poder terrestre.

II. Segue-se um intermezzo, que de forma sucinta analisa as relações entre duas geopolíticas: a geopolítica inglesa e a Geopolitik alemã, centrando de forma especial o foco nas controvertidas conexões Mackinder-Haushofer e Haushofer-Hitler[12].

III. Na sequência, inquere-se sobre a provável influência de Mackinder sobre destacados expoentes da geopolítica norte-americana: o geógrafo político Nicholas Spykman, formulador da teoria do Rimland e precursor da estratégia de contenção do pós-guerra, e o cientista político Zbigniew Brzezinski, autor que se destaca pela relevante análise geopolítica e estratégica sobre a confrontação soviética-americana.

IV. É necessário testar o valor explicativo da teoria do poder terrestre e discutir a questão da obsolescência ou atualidade do pensamento de Mackinder no contexto do novo ordenamento mundial, emergente da vitória incruenta da ilha-continente americana sobre o Estado-Pivô eurasiano.

Vejamos o Mapa 1.2, a seguir, que ilustra o que foi apresentado.

---

12. Esse tema será mais bem explorado nos capítulos posteriores.

Mapa 1.2 – Teoria de *Heartland* (1943), de Mackinder

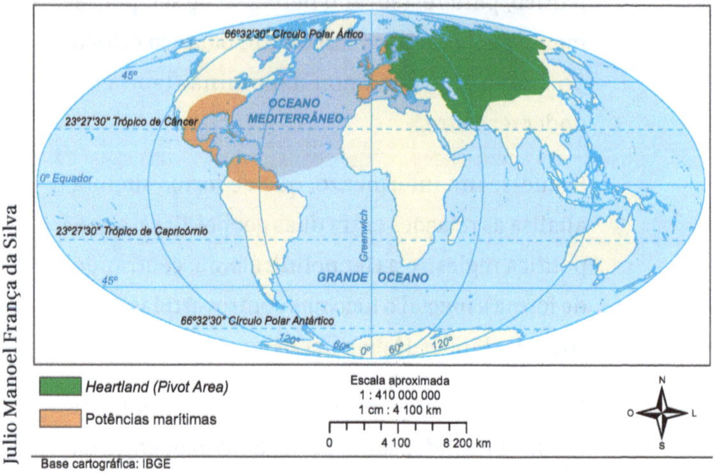

- Heartland (Pivot Area)
- Potências marítimas

Escala aproximada
1 : 410 000 000
1 cm : 4 100 km

Base cartográfica: IBGE

Julio Manoel França da Silva

Fonte: Neves, 2014, p. 24.

Conforme esse mapa ilustra, em sua essência, a Teoria do Poder Terrestre, elaborada por Mackinder em 1943, também conhecida como "Teoria de Heartland", ajuda a compreender a concorrência pela hegemonia mundial entre as grandes potências.

1.2.3 Karl Haushofer e a Teoria das Pan-Regiões ou *Geopolitik* alemã

Outra figura de grande importância para a geopolítica é Karl Haushofer[13] (1869-1946), conhecido como herdeiro intelectual

---

13. Nascido de família bávara aristocrática e conservadora, Haushofer entrou no Exército bávaro e empreendeu também a carreira universitária, até ser chamado pela deflagração da Primeira Guerra Mundial. O geopolítico se suicidou em 1946 após ter sofrido um duro julgamento no pós-guerra e estar arruinado. Deixou uma espécie de carta testamento intitulada "Uma apologia da geopolítica". Casado com uma judia, teve um filho assassinado pela Gestapo em 1944, sob a acusação de ter participado, junto com alguns militares e intelectuais, de uma tentativa de assassinar Hitler e acabar com a guerra, que praticamente estava perdida.

de Kjellén. Foi grande admirador tanto de Ratzel – por quem foi diretamente influenciado, uma vez que este era amigo do pai de Haushofer, de quem frequentava a casa –, quanto de Mackinder. O teórico foi diretor do Instituto de Geopolítica de Munique, que foi influenciado pelos eventos e ideias discutidos por Mackinder. Haushofer também foi o fundador da *Revista de Geografia Política*.

Foi o grande responsável por unir basicamente a teoria de Kjellén, de Ratzel e de Mackinder, transformando-a numa política germânica, de poder nacional. Portanto, "com o bávaro Karl Haushofer [...] a geopolítica sai do âmbito das reflexões políticas ou acadêmicas para tornar-se uma teoria que dirige ou justifica a ação política. Para ele, a geopolítica é uma 'ciência aplicada': ou seja, aplicada pelos políticos" (Losano, 2008, p. 447). O pensador afirmava ainda que a geopolítica é a base científica da arte da atuação política na luta de vida e morte dos organismos estatais por espaço vital. As ideias trabalhadas por Mackinder eram consideradas de grande importância para Haushofer.

> Os eventos e as ideias discutidos por Mackinder acabaram influenciando o Instituto de Munique. Nesse local, Karl Haushofer estabeleceu um ambiente adequado ao desenvolvimento de teorias espaciais importantes, que movimentaram o espaço geopolítico europeu no período Entreguerras, informando inúmeras percepções do cenário mundial.

Para Costa (2008), a própria situação de "paz cartaginesa", instalada pelos tratados de paz nos primeiros anos após o fim da Primeira Guerra Mundial, contribuiu para o clima de instabilidade latente na Europa e também em amplas porções do globo.

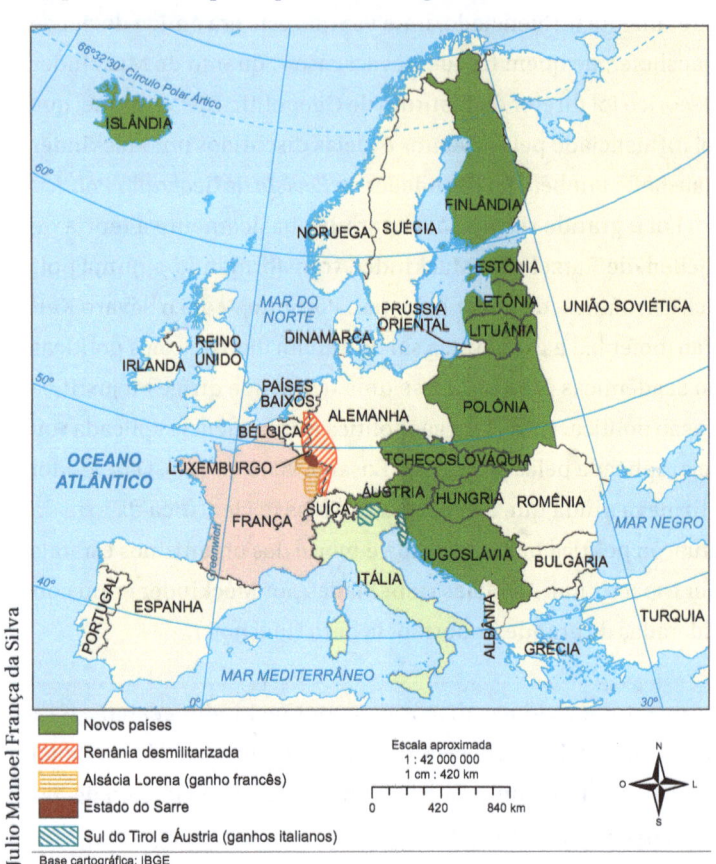

Mapa 1.3 – Europa no período entreguerras

Legenda:
- Novos países
- Renânia desmilitarizada
- Alsácia Lorena (ganho francês)
- Estado do Sarre
- Sul do Tirol e Áustria (ganhos italianos)

Escala aproximada
1 : 42 000 000
1 cm : 420 km

Base cartográfica: IBGE

Fonte: Duby, citado por A geografia..., 2011.

Para Costa (2008), outros acontecimentos importantes estavam ocorrendo no mundo, entre eles:

a. os conflitos bélicos de menor porte;
b. os atritos entre novos e velhos Estados nos Bálcãs e na Europa Centro-Oriental em torno de disputas fronteiriças colocavam em xeque as soluções da "paz negociada" de Versalhes (1919).

Além disso, ficava clara na Europa a soma de descontentamento e desconfiança, devido ao fato de a Inglaterra ter perdido poder em detrimento dos Estados Unidos. Além disso, havia a forte presença francesa no continente. Assim, a França, por causa do sentimento de isolamento em sua defesa dos pontos de acordo de paz, estabeleceu várias alianças bilaterais de diversas ordens com novos e antigos Estados da Europa Centro-Oriental, cujo objetivo era conter um eventual reerguimento alemão, teoriza Costa (2008).

Mapa I.4 - Mapa das pan-regiões de Haushofer

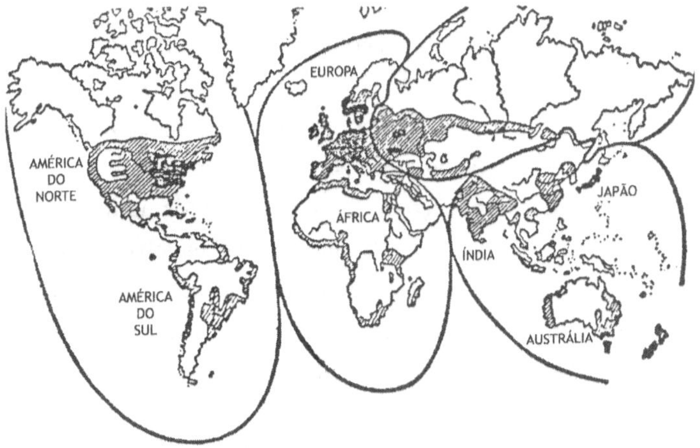

Fonte: Pereira, citado por Mello, 1999, p. 81.

A teoria das pan-regiões advogava uma aliança da Alemanha com a Rússia e o Japão, que deveriam ajustar suas respectivas esferas de influência e formar uma nova constelação de poder na Eurásia. Na visão de Haushofer, essa partilha levaria à constituição de três grandes áreas supercontinentais denominadas *pan-regiões*: a **Euráfrica** (englobando Europa, África e Oriente Médio) – submetida à suserania alemã; a **Pan-Ásia** (abarcando a China, Coreia,

> Sudeste Asiático e Oceânia) – sob o domínio japonês; e, entre ambas, a **Pan-Rússia** (gigantesca zona tampão formada pela Rússia, Irã e Índia), tutelada pela União Soviética. Finalmente, o general-geógrafo alemão concebia ainda uma quarta pan-região, a **Pan-América**, que englobava todo o continente americano sob o domínio dos Estados Unidos (Mello, 1999).

Além disso, a então União das Repúblicas Socialistas Soviéticas (URSS) isolou-se, tendo como elemento central a sua reconstrução sob um regime tido como socialista. A Alemanha, por outro lado, iniciava o seu processo de reconstrução em meio a graves crises econômicas e políticas, com dívidas assombrosas, devido ao fato de ter sido totalmente destruída e vencida.

A produção em geografia política entre as décadas de 1920 e 1930 refletiu as características da época, com um crescimento considerável das publicações. Contudo, foi na Alemanha, de forma particular, que a geografia política se desenvolveu expressivamente, sobretudo no que diz respeito à vertente da disciplina conhecida como *Geopolítica*, intimamente envolvida nos projetos do país até o fim da Segunda Guerra Mundial.

Com o fim da Primeira Guerra, a Alemanha vivia inúmeros acontecimentos históricos. Entre eles, três merecem destaque: a rendição do país diante dos Aliados; o fim do império; e a ascenção dos social-democratas ao poder. De acordo com Costa (2008, p. 116):

> Desta forma, era o desfecho da derrota militar externa e das pressões políticas internas que beirava uma revolução. As greves e manifestações da classe operária eram constantes, e no ano de 1918, chegou a mais de um milhão, além de uma fração autenticamente

revolucionária do partido social-democrata – os espartaquistas de Rosa de Luxemburgo e Wilhelm Liebknecht, sendo decisivo. Outro fator que merece destaque ao apresentar os acontecimentos históricos da Alemanha diz respeito ao coroamento de movimentos de resistência e oposição à guerra e ao centrismo imperial, que vinham se fortalecendo desde as primeiras evidências da impossibilidade de vitória do país numa guerra que havia submetido a população a todo tipo de privações.

O período entre a queda do império e o novo esquema de poder foi marcado pela luta entre dois grandes grupos. De um lado estavam os revolucionários espartaquistas, e o outro era social-democrata, tidos como moderados e que contavam com o apoio de setores do antigo regime. Em 1919, o resultado foi a repressão aos revolucionários e a execução tanto de Rosa de Luxemburgo quanto de Wilhelm Liebknecht, abrindo espaço para o novo regime, em que ocorreram eleições para uma assembleia constituinte, formação de um gabinete social-democrata e, naquele mesmo ano, a criação da República, que acabou ficando conhecida como "República de Weimar". No entanto, o novo regime já nasceu frágil e minado por inúmeras contradições, entre elas a derrota na guerra em virtude de traições internas.

Já no início da Segunda Guerra Mundial a máquina militar nazista dominava praticamente todo o continente europeu. Vários teóricos sustentaram a tese de que Haushofer, por intermédio de Rudolf Hess, seu discípulo e secretário de Hitler, contribuiu na redação da bíblia do nacional-socialismo (a obra *Mein Kampf*, escrita por Hitler), afirmando que Haushofer era considerado um verdadeiro mentor intelectual das decisões tomadas por Hitler

(Mello, 1999). Portanto, não era segredo para ninguém a forte influência do general-geógrafo Haushofer sobre a política externa do Terceiro Reich. Ao mesmo tempo, ao examinar de forma mais detalhada o impacto do pensamento de Mackinder sobre a *Geopolitik*, podemos concluir que, ao contrário do que se propagava nos círculos intelectuais e na imprensa, Haushofer não desempenhou o papel de "Conselheiro do Princípe" nas decisões políticas e militares de Hitler.

Por outro lado, Mackinder sempre teve uma enorme preocupação com o que uma eventual aliança entre as duas potências continentais europeias – Alemanha e Rússia – poderia representar para o futuro do império britânico. Mello (1999, p. 77) mostra que, para Mackinder, "uma coalização do Estado-Pivô com a potência centro-europeia implicaria uma alteração radical do equilíbrio de poder em toda a Eurásia". Mello (1999, p. 78) ainda explica que:

> no que tange à oposição oceanismo versus continentalismo, a consequência mais provável dessa nova correlação de forças seria a ascenção de um poder terrestre russo-germânico quase que certamente regido e orquestrado pela Alemanha – com a consequente derrocada do poder marítimo britânico. Uma coalização russo-germânica engendraria as condições necessárias para o desenvolvimento de um poder anfíbio continental-oceânico capaz de arrebatar das potências insulares a preponderância mundial.

As relações entre a Alemanha e a Rússia foram determinantes para que se percebesse a influência de Mackinder sobre a *Geopolitik* de Haushofer, ou seja, o teórico Mackinder desenvolveu uma visão peculiar do mundo partindo de uma ótica especificamente britânica e antigermânica. Assim, a teoria buscava impedir por todos os meios que a segurança insular e a hegemonia naval britânica pudessem ser postas em perigo por uma aliança russo-germânica. Por outro lado, ao contrário de Mackinder, o teórico Haushofer adotou uma postura antibritânica, em que o estabelecimento de uma aliança com a Rússia era a chave para vencer a Grã-Bretanha e, dessa forma, colocar a Europa sob a suserania de uma Grande Alemanha.

Desse modo, o general-geógrafo alemão Haushofer via na Rússia bolchevista o aliado geopolítico natural, que serviria de ponte ou elo entre a Alemanha e os povos asiáticos da região indo-pacífica, cujo inimigo comum eram o colonialismo e o poder marítimo britânico, salienta Mello (1999).

Portanto, o que se percebia não eram as divergências ideológicas entre nazismo e bolchevismo – que deveriam de alguma forma nortear a política da Alemanha em relação à Rússia, mas os imperativos geopolíticos da posição ocupada pelos alemães no centro da Europa e pelos russos no *Heartland* da Eurásia.

Nesse sentido, Haushofer opunha-se a uma guerra contra a Rússia, por antever que seria quase impossível conquistar um Estado-Pivô de dimensões continentais que tivesse à sua retaguarda os imensos recursos e os grandes espaços do *Heartland* Eurasiano.

Alguns fatores e acontecimentos históricos foram determinantes para que a tese de Mackinder fosse de fato confirmada. Na concepção de Haushofer, pode-se citar o fracasso da campanha napoleônica na Rússia no século XIX e, em sua época, o impasse em que se encontrava o Japão na guerra contra a China. Portanto, corroboramos a tese de Mackinder de que existem enormes riscos do idealismo e do realismo em matéria de relações internacionais foram colocados em campos opostos, conclui o autor.

Assim, enquanto os chamados *idealistas* defendiam a adoção de um sistema de segurança coletiva, encarregado de preservar a paz mundial por meio de uma comunidade de poder, em que o exemplo máximo era a recém-fundada **Liga das Nações**[14] do período entreguerras, tinha-se, por outro lado, os realistas que criticavam sistematicamente os idealistas, afirmando, porém, que a paz somente seria mantida com uma política de poder norteada pelos critérios estritos da segurança e do interesse nacional (Mello, 1999).

A "polêmica sobre os rumos da política externa americana diante do perigo da guerra na Europa e da agressão do militarismo japonês no Oriente colocou também em campos opostos os defensores do isolacionismo e do intervencionismo" (Mello, 1999, p. 94).

Dessa forma, ainda de acordo com Mello (1999), a relação entre isolacionistas e intervencionistas era totalmente antagônica. Enquanto os isolacionistas, responsáveis pelo veto à participação americana na Liga das Nações, afirmavam que o país deveria adotar uma política de isolamento extremo em relação ao mundo exterior e opunham-se a um maior envolvimento nos assuntos extracontinentais, especialmente nas querelas políticas europeias, os intervencionistas advogavam sobre a necessidade de uma ação direta americana, caso as alterações do equilíbrio do poder mundial colocassem em perigo a segurança e os interesses do país, como havia ocorrido na Primeira Guerra Mundial.

---

14. A Liga das Nações foi uma organização internacional criada em abril de 1919, quando a Conferência de Paz de Paris adotou seu pacto fundador, posteriormente inscrito em todos os tratados de paz.

Todos os elementos apresentados nos parágrafos anteriores foram importantes para moldar o perfil intelectual de Spykman[15], principal formulador da Teoria das Fímbrias[16], que se posicionou abertamente sobre os temas em questão e teve uma participação ativa na discussão sobre eles. Spykman era adepto do realismo e das relações internacionais e do intervencionismo em política externa americana. Em suas teorias faz uso do realismo resgatando Hobbes[17] e Maquiavel[18], para mostrar as relações internacionais.

Portanto, pelas lentes do realismo, o sistema internacional, como essencialmente anárquico e potencialmente belicoso, é comparado por Spykman ao estado de natureza de Hobbes. Para o geopolítico, nesse sistema, que padece da ausência de um governo centralizado em termos mundiais, a força é exercida sob um regime da chamada *livre concorrência* pelos Estados nacionais (Mello, 1999).

Além disso, a soberania estatal é a outra face da anarquia internacional, isto é, a desordem externa tem sua contrapartida na

---

15. Ver: SPYKMAN, N. J. **Estados Unidos frente al mundo**. México: Fondo de Cultura económica, 1944. Ver também: SPYKMAN, N. J. **The Geography of the Peace**. New York: Harcourt, Brace and Company, 1944.

16. "A Teoria das Fímbrias, idealizada pelo professor Nicholas John Spykman (1942), Doutor em filosofia e diretor do 'Instituto de Relações Internacionais' de Yale, nos EUA, foi fundamentada a partir de seus estudos sobre a teoria do poder terrestre de Mackinder, apresentada no seu artigo The Geographical Pivot of History (1904), preconizava a ideia de que quem dominasse o 'Coração da Terra' dominaria o mundo, define que apenas o poder marítimo desenvolvido por Mahan em (1890) não seria mais capaz de garantir a supremacia mundial de uma nação" (Medeiros, 2015, p. 113).

17. Thomas Hobbes (1588-1679) estudou na Universidade de Oxford, na Inglaterra, e trabalhou posteriormente como tutor de William Cavendish, conde de Devonshire. Por causa da Guerra Civil inglesa (1642-1651), passou uma década no exílio em Paris, onde escreveu o *Leviatã*, que teve profunda influência na maneira como percebemos o papel do governo e o contrato social como os alicerces para a legitimidade de governo.

18. O intelectual Nicolau Maquiavel tratou principalmente sobre política na obra *O príncipe*, descrevendo como o governante deveria agir e quais virtudes deveria ter a fim de se manter no poder e aumentar suas conquistas. Para saber mais, leia a obra *Maquiavel: o Príncipe e Escritos Políticos* (Editora Levoir, 2010).

ordem interna dos Estados nacionais. Ou seja, podemos concluir que, se externamente a força é inteiramente desmonopolizada, internamente cada Estado detém o monopólio da violência legítima no respectivo território.

Mello (1999, p. 95) explica:

> É a exclusividade do controle da força física por um governo central que, no plano da política interna, distingue em termos jusnaturalistas o estado civil do estado natural. De forma que, enquanto as relações interestatais se baseiam na lei da força, as relações intra-estatais desenvolvem-se sob o império da força da lei.

Dessa maneira, Spykman, utilizando-se do realismo hobbesiano, compara de forma metafórica o sistema internacional à estrutura de uma mesa de jogo. Em outras palavras, os Estados seriam as bolas de bilhar, sendo da própria natureza do jogo o choque das bolas entre si. Podemos concluir, então, que a ordem internacional é garantida por um grupo seleto de grandes potências que, pela diplomacia ou pela força, acabam controlando as médias e pequenas potências.

Já sobre o realismo maquiavélico, Spykman argumenta que as relações internacionais se pautam pela política de poder entre Estados soberanos. Ainda para o teórico citado, a política de poder visa à segurança e à autopreservação do Estado, que se traduzem primordialmente na manutenção de sua integridade territorial e na preservação de sua independência política, de acordo com Mello (1999).

Ainda conforme Mello (1999), para muitos teóricos o panorama geopolítico mundial pensado por Spykman, no *America's*

Strategy in World Politics, apresenta um enorme paralelo com o traçado de Mackinder, em *The Geographical Pivot of History* e também em *Democratic Ideals and Reality*. Assim, muito do que Spykman mostra foi incorporado do geógrafo britânico, inclusive a ideia da estruturação de um sistema interestatal global em que qualquer modificação na relação de forças afeta sempre a posição relativa dos grandes atores internacionais, os quais, por isso mesmo, não podem permanecer indiferentes às oscilações do equilíbrio do poder mundial (Mello, 1999, citado por Rocha e Albuquerque, 2014). Representante da escola estadunidense de geopolítica, Nicholas Spykman se insurgiu contra o paradigma isolacionista[19] em voga naquele país.

Para Teixeira Junior (2017, p. 91)

> apesar da sólida crítica de Spykman a Mackinder e da formulação da teoria do Rimland e consequentes desdobramentos (como a teoria da contenção), a teoria do poder terrestre mostra-se viva e atual. Embora não figure constantemente nos estudos analíticos sobre geopolítica global, continua presente na mente dos formuladores da política. Dessa forma, a oposição entre oceanismo e continentalismo mantém-se mesmo com o acréscimo de outros protagonistas à sua trama, como a China.

---

19. O isolacionismo baseava-se numa visão geopolítica essencialmente doméstica e regional, cujo horizonte limitava-se ao âmbito do continente americano. O intervencionismo de Spykman, ao contrário, fundamentava numa concepção geopolítica abrangente das relações de poder que se desenvolviam em escala mundial. Essa visão do mundo como um sistema político fechado, do qual os Estados Unidos não poderiam manter-se apartados sem graves consequências para sua segurança territorial e seus interesses nacionais, foi em larga medida influenciada pela concepção histórico-geográfica de Mackinder (Mello, 1999).

Assim sendo, Spykman elaborou o seu modelo de dinâmica de poder na base geográfica de Halford Mackinder, embora interpretada de forma diferente. A teoria de Spykman valoriza toda a região do *Rimland*, sob o argumento de que esse espaço seria objeto de competição e conflitualidade por parte dos poderes terrestre e marítimo e o seu controle significaria uma vantagem geopolítica importante, o que lhe confere uma característica dual (Dias, 2005).

Mapa 1.5 – O mundo segundo Nicholas Spykman

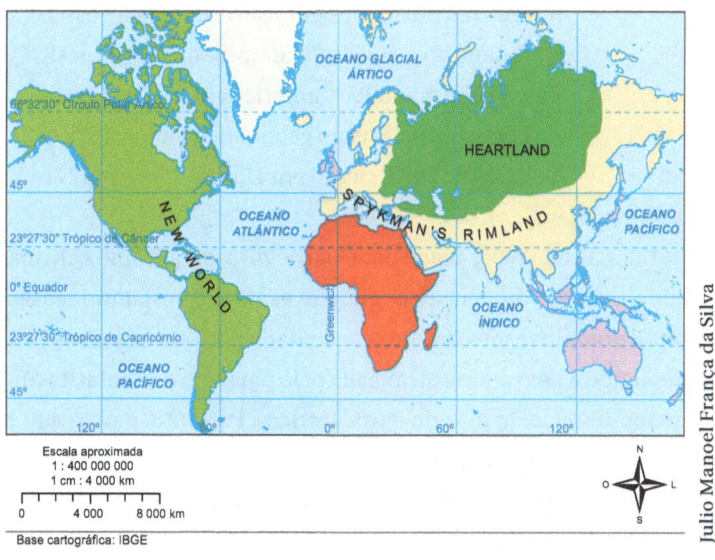

Fonte: Mello, 1999, p. 121.

Os Estados Unidos, após a Segunda Guerra Mundial, formularam e praticaram três grandes diretrizes geoestratégias visando à sua segurança nacional. Conforme Góes, G. S. (2006, 2007, citado por Duarte, 2013, p. 127), "os estrategistas norte-americanos, a segurança e consecução dos interesses nacionais dos Estados Unidos demandaram a sua projeção de poder para muito além das fronteiras nacionais, dando-lhe uma dimensão global". As três diretrizes geoestratégicas analisadas por Góes são:

a. A Geoestratégia da Contenção, em vigor durante a Guerra Fria;
b. A Estratégia do *Engagement and Enlargement*, engendrada por Bill Clinton no início dos anos 90 e desenvolvida a partir do colapso geopolítico do Império soviético";
c. A Doutrina Bush, configuração estratégica pós-11 de Setembro e cuja linha dominante é a imposição da chamada PAX americana, aqui entendida como unipolarismo geopolítico global. (Góes, G. S., 2006, 2007, citado por Duarte, 2013, p. 127)

Góes, E. M. (2006, citado por Duarte, 2013, p. 127) ainda afirma que, apesar das diferenças, as grandes estratégias estadunidenses implicaram invasões da "territorialidade dos outros países", expressando a hegemonia alcançada pelo país com a superação "da predominância do mundo eurocêntrico". Portanto, para o autor citado, essa estratégia nasceu como resposta ao "expansionismo soviético", projetada por George F. Kennan, com base na "ideia-força do confronto indireto entre as duas superpotências, dando origem, por consequência, à famosa Guerra Fria" (Góes, E. M., citado por Sposito; Sposito; Sobarzo, 2006, p. 26).

Nessa geoestratégia, os conflitos principais ocorreriam no "*Rimland* eurasiano": áreas geográficas de grande fluidez geopolítica (Europa Oriental, Oriente Médio, Ásia Central e Sudeste

Asiático). Assim, a Guerra Fria caracterizava-se pela ocorrência de conflitos indiretos entre as superpotências no *Rimland*. Essa formulação estratégica baseava-se em duas premissas: a tese mackinderiana do expansionismo soviético e a tese da "contenção spykmaniana dos Estados Unidos".

A esse respeito, Costa (1992, p. 172) teoriza que,

> segundo Spykman, do ponto de vista geopolítico-global o "Heartland" de Mackinder já não jogava papel decisivo, mas sim as regiões de "duplas frentes", isto é, aquelas que possuem zonas de contato tanto em direção ao centro dos continentes como às suas bordas marítimas, regiões às quais ele denomina "Rimland" – caminho circunferencial marítimo –, zona estratégica capaz de compensar ou mesmo superar o "Heartland".

Góes, E. M. compartilha da premissa estadunidense de que a União Soviética (URSS) se movia no sentido de aplicar o esquema mackinderiano com o objetivo de estabelecer sua dominação comunista mundial. A suposição de que a URSS tinha pretensões expansionistas emerge em 1946 quando se destaca a figura de George F. Kennan que "abriu espaço para a corrente realista de política externa que não acreditava na perspectiva de cooperação internacional [...], baseada na coexistência harmônica entre o capitalismo e o comunismo. Urgia, pois, construir uma estratégia de reação apta a combater o avanço comunista" (Góes, E. M., citado por Sposito; Sposito; Sobarzo, 2006, p. 142).

1.3 Geografia política contemporânea

Como definido na seção "Definições e concepções da geografia política e geopolítica", não pode haver geografia política que não incorpore a política. Na concepção de Castro (2013, p. 79), a política é "expressão e modo de controle dos conflitos sociais", e o território, "base material e simbólica da sociedade". Portanto, para o autor citado, o início das questões e dos conflitos de interesse na sociedade gera, além de disputas, tensões que se materializam em arranjos territoriais adequados aos interesses e que conseguem se impor em momentos diferenciados (Castro, 2013).

Embora pareça simples delimitar o campo da disciplina de Geografia Política, isso não é verdade. No entanto, ainda que difícil, essa delimitação é necessária, pelo menos como aproximação temática no labirinto de possibilidades abertas pelas questões postas ao universo político na atualidade. Tanto a necessidade como a dificuldade de delimitação decorrem, pois, da característica do tempo atual, comandado, na concepção de Castro (2013), por atores individuais e institucionais que, por isso mesmo, apresentam uma complexidade de novo tipo, diferente da geografia das comunidades, das nações e dos impérios.

Ainda conforme Castro (2013, p. 80-81), atualmente "podem existir múltiplas escalas em uma sociedade, que varia do local ao mundial, o que concomitantemente estabelece a necessidade de os territórios delimitados e estáveis da política serem obrigados a conviver com as múltiplas espacialidades inventadas pelos atores sociais".

Portanto, é fundamental pensar um espaço político como um recurso metodológico, cujo objetivo é identificar as condições que o diferenciam de outros espaços. Para isso, é necessário pensar no tema tendo por base dois pontos:

a. a perspectiva das escalas territoriais dos fenômenos políticos;
b. a identificação do campo da disciplina.

No que se refere ao primeiro ponto, ou seja, a perspectiva das escalas territoriais dos fenômenos políticos como problema, a disciplina nas últimas décadas do século XX precisou dar conta de responder aos desafios dos fenômenos em escalas múltiplas, ao contrário do que vinha sendo apresentado na geografia política clássica. Dessa forma, a globalização se impôs a todas as reflexões na maioria dos campos das ciências sociais.

Já a Teoria do Sistema-Mundo (TSM), de Immanuel Wallerstein[20] (referência dos geógrafos políticos), contribuiu de forma decisiva para explicar o paradigma mais amplamente aceito por algumas correntes da geografia política contemporânea em que se examina a globalização e seus impactos sobre localidades, o que influenciou na elaboração da chamada "nova geografia política" (Castro, 2013, p. 81). Por outro lado, Smith (1996, p. 69) afirma que é possível definir que o que ocorre na escala global tem efeitos mais diretos na configuração das formas locais da ação política coletiva do que o que ocorre no próprio Estado, embora as ações

---

20. Immanuel Maurice Wallerstein (1930-) é um sociólogo nascido em Nova York mais conhecido pela sua contribuição na elaboração da Teoria do Sistema-Mundo. Entre suas principais obras estão: *O declínio do poder americano, Utopística ou as decisões históricas do século vinte e um, O fim do mundo como o concebemos: ciência social para o século XXI, Capitalismo histórico e civilização capitalista, O Sistema Mundial Moderno*, volumes I, II e III (uma obra verdadeiramente monumental, publicada na década de 1970).

políticas da esfera local sejam sempre determinadas pelos vetores da esfera global.

Com a globalização se tornando cada vez mais importante como questão histórica, econômica, política e geográfica, ela encontra, na segunda metade do século XX, a geografia política liberta dos marcos estatistas da sua vertente clássica, devido à forte influência ratzeliana. Entretanto, dessa vez, devemos considerar que a disciplina recebia, internamente, críticas sobre os próprios limites de uma reflexão acadêmica dos marcos estatistas, feita pelos apóstolos do fim do Estado-nação.

Como podemos verificar, a globalização se faz presente na geografia política contemporânea. Dentre seus vários autores, Taylor apresenta a noção de globalização por meio da qual se fazem entender e compreender as mudanças sociais contemporâneas. Isso se aplica, pois, na concepção de Taylor (1993), que diz que o mundo tem se tornado cada vez mais integrado economicamente. O estudioso ainda afirma que mesmos os Estados, embora possam ser considerados o foco com maior atividade política, parecem estar marginalizados pelas forças econômicas trans-Estado (transestatais ou transnacionais) que avançam fora do seu controle. Para concluir, o autor mostra que o século XX é, ao mesmo tempo, um período de escala geográfica global e de análise global da sua geografia política.

Mapa 1.6 – Teoria do Sistema-Mundo (TSM) de Immanuel Wallerstein

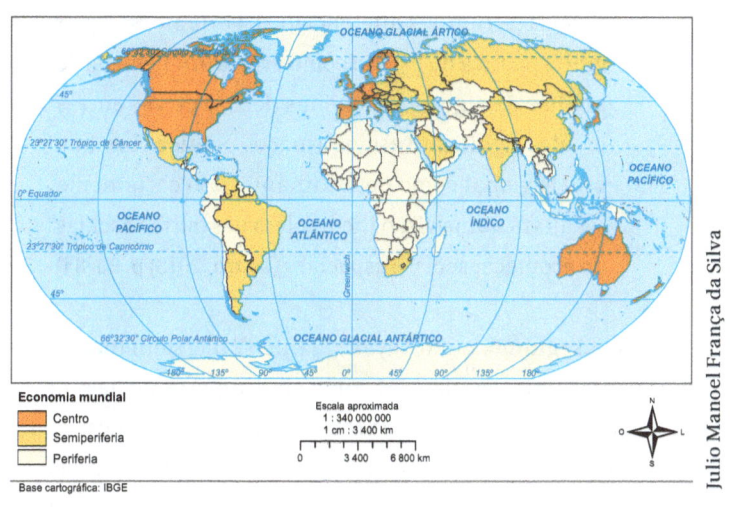

Fonte: Elwell, 2018.

Podemos considerar, no entanto, que, no final do século XX, os avanços tecnológicos constituíram traços marcantes da velocidade característica da globalização, fenômeno próprio do modelo econômico capitalista. Ou seja, no sentido conceitual dominante considerar a globalização como um paradigma requer concomitantemente definir de forma prévia os limites dos fenômenos a serem analisados, conclui Castro (2013).

Além de discutir a velocidade da globalização, como ela se faz presente na geografia política contemporânea e seus impactos sobre localidades, é necessário observar que:

> a complexidade do processo de globalização reside justamente na articulação entre as múltiplas escalas

com a invasão de um país com vasta retaguarda continental, grandes contingentes populacionais e a vantagem de manobrar a partir de linhas interiores.

1.2.4 Nicholas Spykman e a Teoria do Rimland

Nicholas Spykman (1893-1943) nasceu na Holanda e radicou-se nos Estados Unidos. Como geógrafo e geoestrategista, Spykman sistematizou a Teoria do Rimland e foi responsável por seu desenvolvimento, sendo considerado um precursor da Estratégia de Contenção do pós-Segunda Guerra Mundial. Ele foi também cientista político, o que contribuiu para sua influência como pensador da corrente clássica de pensamento realista na política exterior norte-americana, trazendo o pensamento geopolítico europeu para os Estados Unidos.

Para Mello (1999, p. 93-94),

> o principal debate nos Estados Unidos da América, no período de entreguerras, centrou-se em dois temas tidos como centrais: um fazia alusão à preservação da paz e o outro à política externa americana, dividindo, sobretudo, os intelectuais e as elites políticas. Várias eram as correntes de pensamento envolvidas que se confrontaram sobre aspectos fundamentais da grande estratégia a ser adotada pelo governo americano no campo da política internacional.

Destarte, problemas como a manutenção da paz mundial, cada vez mais precária com a ascensão do nazifascismo, os partidários de ocorrência dos fenômenos políticos, nem sempre sincrônicos, e o modo como cada um se reflete em escalas territoriais diferenciadas. Portanto, se a geografia política do Estado como escala privilegiada de análise de alguns fenômenos deixou de ver outras escalas significativas dos espaços políticos tomar a escala global como determinante, isso certamente resultará numa visão incompleta das outras escalas do acontecer social e espacial. (Castro, 2013, p. 83-84)

Por conseguinte, tanto Taylor quanto Wallerstein incorporaram suas formulações da TSM como eixo importante de renovação da disciplina, aludindo aos problemas prementes e mostrando que o Estado como instrumento de solução das questões sociais pode aumentar ou diminuir o sofrimento das pessoas, devido à própria capacidade de proteger os direitos dos cidadãos e de intervir nas relações sociais entre diferentes grupos.

Assim, a preocupação central de Wallerstein não era especificamente a geografia política, mas a elaboração de uma teoria das forças mais importantes que impulsionaram as transformações econômicas e sociais. O autor ainda conclui que, com as mudanças no modelo econômico capitalista mundial, se o poder do Estado permanece para coisas importantes no curto prazo do cotidiano da sociedade, no longo prazo, sua importância tem diminuído. Wallerstein expõe que a necessidade de criar um novo sistema histórico, esforçando-se para agir ao mesmo tempo no nível muito local e no nível muito global, é seguramente uma tarefa difícil, mas não impossível.

A segunda condição, porém não menos importante, que diferencia pensar um espaço político como um recurso metodológico se refere à identificação do campo da disciplina, uma vez que a noção de escala ajuda, mas não resolve o problema da delimitação do campo da disciplina. Portanto, é fundamental uma melhor delimitação e diferenciação das outras divisões acadêmicas da geografia.

Castro (2013) ressalta que, como o espaço é uma dimensão inerente à vida social, a geografia política deve oferecer um ponto de vista particular, cujo objetivo é revelar as dimensões não consideradas por outros ramos da disciplina. No entanto, para os geógrafos preocupados com a espacialidade dos processos e fenômenos políticos, é imperativo identificar como o fenômeno político cria uma dimensão própria no espaço.

Lévy (1994) preocupou-se em explorar o que ele mesmo denominou de *espaço do político*, isto é, fenômeno político. O autor argumenta que reencontrou duas realidades que a geografia clássica deixou de pensar: o **Estado** e o **indivíduo**. Dessa forma, a necessidade de pensar o Estado surgiu diante dos problemas colocados pela escala global. Portanto, o Estado nacional ainda permanece como um espaço de política por excelência e como uma instituição importante para a identificação, análise e explicação dos fenômenos no recorte territorial, definindo as próprias fronteiras, além de um componente da própria globalização, bem como um interlocutor necessário nas relações internacionais (Castro, 2013).

Dois problemas de visibilidade política surgem devido à própria multiplicidade das escalas. Primeiro, uma questão que se faz presente nos debates que se propõem a produzir conhecimento sobre as relações entre política e o espaço: a própria abrangência do campo da geografia política. O segundo problema, com base nessa abrangência, é a necessidade de qualificar o espaço político diferenciando-o de outros espaços, objetos de investigação na geografia.

Devido ao viés extremamente economicista, as críticas cunhadas contra as teses de Wallerstein não foram poucas. No entanto, ao mesmo tempo, elas contribuíram para delinear a agenda temática da geografia política nas últimas décadas. O objetivo da obra não é esgotar a temática, mas apenas retomá-la nos três momentos a seguir, conforme Castro:

> **Primeiro**: Destacar que "a escala do mundo é uma das dimensões necessárias à geografia política por configurar uma geopolítica, agora despida dos seus uniformes nazistas, ainda importante para apontar as relações dissimétricas entre as nações-Estados e suas consequências sociais" (Castro, 2013, p. 88).

> **Segundo**: "Para a compreensão do território como arena de interesses de diferentes tipos de atores sociais, mesmo com sua importância, a escala global não pode ser excludente em relação às outras, ou seja, ela não as explica. Portanto, a escala local que foi recentemente retomada é necessária para a compreensão do território como arena de interesse de diferentes tipos de atores sociais" (Castro, 2013, p. 88-89).

> **Terceiro**: "Na geografia política, o abandono dos Estados-nações é paradoxal, uma vez que estes são partners do processo de globalização e que eles constituem ainda a garantia dos instrumentos políticos que as sociedades civis dispõem, nas escalas local e regional, para controlar os conflitos imanentes à natureza individualista e apropriadora do capitalismo ocidental e para intervir no seu território" (Castro, 2013, p. 63).

Destarte, a geografia política do novo milênio deve ser formulada com base na oposição e ao mesmo tempo na complementariedade dos interesses nessas escalas, pelos menos para suas primeiras décadas. Gomes (1997) argumenta que as questões políticas, ao serem incorporadas pela geografia, se enriquecem quando tratadas com a lógica e a coerência do arranjo espacial das coisas, ao mesmo tempo que enriquecem a disciplina pelos novos desafios e para a compreensão dos fenômenos que contribuem para esse arranjo. Contudo, é fundamental que se tenha a necessidade de recortes e que a delimitação do campo da geografia política esteja nas questões decorrentes dos componentes geográficos das estratégias dos atores políticos e dos resultados de suas ações.

Para finalizar, Castro (2013) mostra a importância e a necessidade de a geografia política poder, de alguma forma, incorporar os fenômenos de cunho político, que são essenciais para identificar os modos como eles, ao mesmo tempo que se territorializam, também recortam espaços tidos como expressivos, tanto no que diz respeito às relações sociais, a seus interesses, solidariedades, conflitos, controle e dominação, quanto no que diz respeito ao poder.

Síntese

Este capítulo teve como objetivo apresentar as principais definições, concepções, diferenciações, etapas, debates e autores que auxiliaram no entendimento da evolução da geografia política e da geopolítica, bem como os seus principais precursores.

Além disso, procuramos expor as diferentes definições da geografia política e da geopolítica, apresentando as escolas e as grandes teorias, seus principais pensadores, como Friedrich Ratzel, fundador da moderna geografia humana; Alfred Thayer Mahan, fundador da Teoria do Poder Marítimo; Halford Mackinder, que concebeu a teoria do poder terrestre; Karl Haushofer e a *Geopolitik* alemã; e Nicholas Spykman e a Teoria do *Rimland*.

Além das escolas e teorias abordadas ao longo do capítulo, mesmo que de forma breve, expusemos no último tópico uma análise da geografia política contemporânea, trazendo teóricos como Immanuel Wallerstein, que apresentou a Teoria do Sistema-Mundo, a qual, devido ao viés extremamente economicista, recebeu muitas críticas. No entanto, ao mesmo tempo, essa teoria contribuiu para delinear a agenda temática da geografia política nas últimas décadas.

Indicações culturais

Livro

MOREIRA, R. **A geografia do espaço-mundo**: conflitos e superações no espaço do capital. Rio de Janeiro: Consequência, 2016.

Essa obra mostra ao leitor que ao longo dos séculos o mundo foi se unificando na economia e, no que diz respeito à política, foi se fragmentando territorialmente. Se, por um lado, a economia tem certas exigências, como a uniformidade em decorrência da técnica e do mercado por força da DIT e das trocas do acúmulo capitalista, por outro, a política pede uma demarcação, principalmente, do Estado por ser a instituição do controle, da coerção e da regulação jurídica das relações e conflitos de classes e hegemonia. Portanto, a leitura da obra é fundamental para aqueles que buscam um aprofundamento para entender os conflitos e as superações no espaço do capital.

Site

BRASIL. ESG – Escola Superior de Guerra. Disponível em: <http://www.esg.br/index.php/br/>. Acesso em: 28 jun. 2018.

A Escola Superior de Guerra (ESG) foi criada em 1948 e organizada de acordo com a Lei n. 785, de 20 de agosto de 1949. Para conhecer a história, links e publicações da ESG, acesse.

Atividades de autoavaliação

1. (UFPR – 2002) "A Geografia é, antes de mais nada, um saber estratégico intimamente ligado a um conjunto de práticas políticas e militares e são essas práticas que exigem a acumulação articulada de informações extremamente variadas." (Lacoste, Y. "A geografia – isso serve, em primeiro lugar, para fazer a guerra". São Paulo: Papirus, 1989. p. 21-30.)
Aplicando essas considerações de Lacoste aos recentes conflitos que têm ocorrido em diversos continentes, qual das alternativas apresentadas abaixo não se aplica:
   a) As estratégias de guerra implicam uma análise precisa de combinações geográficas entre elementos heterogêneos para planejar a ocupação de determinada área, para torná-la inabitável ou mesmo para levar a cabo um genocídio.
   b) As zonas de tensão do mundo atual são espaços geográficos onde ocorrem, de forma aguda, conflitos étnicos, nacionalistas e separatistas. Esses conflitos são conduzidos por grupos organizados nacional ou internacionalmente.
   c) Durante a Guerra Fria, os Estados Unidos e seus aliados da Otan intervinham militarmente em países estrangeiros para manter ou expandir sua hegemonia política. Com a derrocada do comunismo, essas intervenções passaram a ser feitas para evitar que tensões localizadas tenham repercussões econômicas e geopolíticas mais amplas, que podem afetar os interesses desses países e a dinâmica econômica mundial, como no exemplo da Guerra do Golfo.
   d) O emprego das novas tecnologias bélicas utilizadas no Vietnã, na Sérvia, no Iraque e no Afeganistão independe do conhecimento das condições ambientais, pois os fatores geopolíticos é que são decisivos.

2. No campo da geografia e em outras áreas do conhecimento, é comum que se faça confusão entre a geografia política e geopolítica. Em outras palavras, podemos afirmar que, na verdade, ambos os saberes, em grande parte, se sobrepõem ou são formações discursivas ou saberes imbricados. Tanto a geografia política quanto a geopolítica apresentam, de forma única, suas particularidades e especificidades, embora se mesclem em alguns momentos.

Com base nesse texto e na leitura deste capítulo, analise as afirmativas a seguir:

I. A geopolítica apresentou, ainda no pré-guerra, na primeita metade do século XX, um período de grande expansão, embora, depois de 1945, tenha ficado no ostracismo. Entre as décadas de 1920 e 1970, existiram "escolas" (nacionais) de geopolítica, não só no Brasil como em outros países.

II. Há séculos existe a expressão *geografia política*, com inúmeras publicações que abarcam os séculos XVII, XVIII e XIX. Porém, é a partir de Friedrich Ratzel, com a obra *Politische Geographie* (*Geografia política*), publicada em 1897, que podemos considerar o surgimento da geografia política moderna, pelo menos tal como a entendemos hoje – isto é, como um estudo geográfico da política, ou como o estudo das relações entre espaço e poder.

III. A partir de meados dos anos 1950, a geografia política sai do ostracismo. Na verdade, ela nunca deixou de ser estudada, mas, entre os anos 1930 até por volta de 1970, esteve confinada a pequenos círculos, em especial militares.

Estão corretas apenas as afirmativas:

a) III e IV.
b) I e III.
c) II e III.
d) I e II.

3. Leia as proposições a seguir, que tratam sobre a geografia política e a geopolítica e seus precursores, e, em seguida, assinale a alternativa correta:

   I. A geografia política tem a função de analisar de que forma os fenômenos políticos, ao mesmo tempo que se territorializam, também são responsáveis por recortarem espaços significativos no que se refere, principalmente, às relações sociais, a seus interesses, solidariedades, conflitos, controle, dominação e poder. Tais espaços, se levarmos a cabo a linguagem geográfica, podem ser identificados como, por exemplo, fronteiras, centro, periferia, guetos, além de unidades políticas.

   II. Para Friedrich Ratzel, o mar sempre foi considerado uma fonte de poder. Constatamos isso não só nos tempos modernos, mas desde a Antiguidade, quando o mar era visto como um dos primeiros obstáculos a serem vencidos e transpostos. Quem não o conseguia dominar, ou dele se encontrasse afastado, tinha já diminuídas as possibilidades de uma futura expansão.

   III. O determinismo geográfico começou a se consolidar como corrente de pensamento autônomo na segunda metade dos anos 1970 e se caracterizava pela preocupação com o caráter transnacional do capitalismo.

   IV. Rudolf Kjellén utilizava-se da ideia de Estado como organismo territorial preconizada por Ratzel, mas acabou por reduzir o Estado a um organismo de tipo biológico.

   Estão corretas apenas as alternativas:
   a) I e III.
   b) II e III.
   c) I e II.
   d) I e IV.

4. Conforme Mello (1999, p. 45)

> mais do que um conceito geográfico com limites físicos claramente demarcados no mapa da Eurásia, o *Heartland* é uma ideia estratégica, concebida teoricamente no começo do século e testada empiricamente ao longo de duas guerras mundiais. Formulada inicialmente como *Pivot Area* em 1904 e reelaborada sob a denominação de *Heartland* em 1919, essa ideia estratégica assumiu seu conteúdo definitivo no último artigo de 1943.

Com base no texto, é possível afirmar que tal conceito foi cunhado por:
a) Rudolf Kjellén.
b) Alfred Thayer Mahan.
c) Halford Mackinder.
d) Friedrich Ratzel.

5. Cientista social que tem seu nome indissoluvelmente ligado a uma corrente de pensamento que começou a se consolidar de forma autônoma na segunda metade dos anos 1970. Essa vinculação era reconhecida tanto pelos seus adeptos quanto por seus adversários. Embora a preocupação com o caráter transnacional do capitalismo remonte pelo menos à segunda metade do século XIX, há quase um consenso de que a publicação do primeiro volume ocorreu em 1974 e demarca o surgimento de uma nova modalidade de reflexão, com uma problemática razoavelmente definida e um campo conceitual próprio. Esse parágrafo faz alusão ao cientista social:

a) Jean Brunhes.
b) Camille Vallaux.
c) Immanuel Wallerstein.
d) Rosa de Luxemburgo.

Atividades de aprendizagem

Questões para reflexão

1. Em 2004, a teoria do geógrafo e político britânico Halford Mackinder (1861-1947) completou 100 anos. Em que medida sua teoria permanece atual ou tornou-se obsoleta, nos últimos anos do século XX?
2. Muitas foram as contribuições de Friedrich Ratzel (1844-1904), que é considerado não apenas um dos pais da geografia política, mas também um dos primeiros a incorporar o Estado à análise geográfica. Explique a importância do teórico para a geografia política na contemporaneidade.

Atividade aplicada: prática

1. As questões da geopolítica na contemporaneidade têm ocasionado diversas implicações em diferentes escalas, quer sejam locais, nacionais, internacionais ou mesmo globais. Isso tem se refletido, principalmente nas décadas recentes, nos grandes centros universitários, com um aumento de seções sobre geopolítica, respondendo a uma demanda crescente de análises nessa área. Considerando essas informações, pesquise os principais temas geopolíticos debatidos nos grandes centros universitários e apresente suas implicações nas diversas escalas.

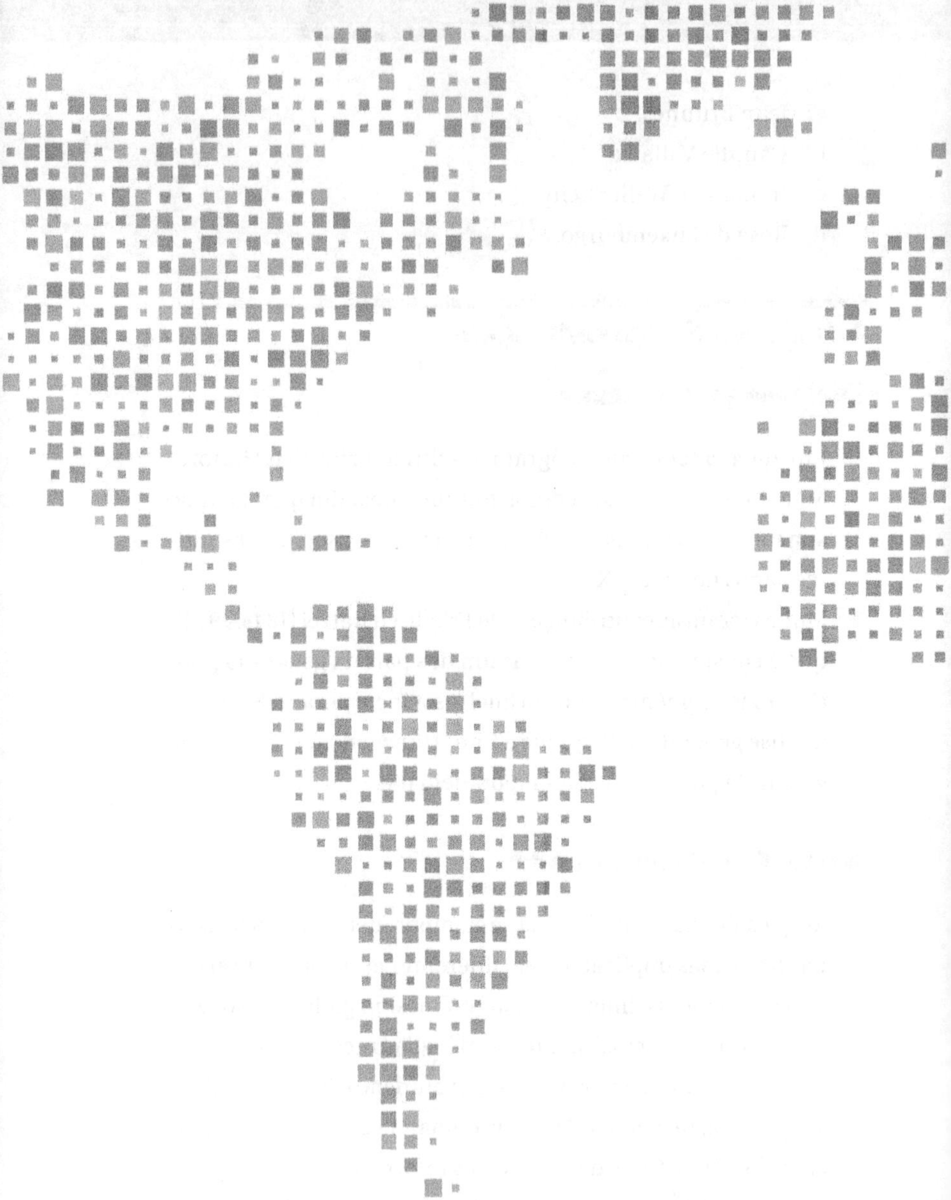

2
Geografia política e a geopolítica no Brasil[1]

---

1. Este capítulo está embasado, principalmente, em Miyamoto (1995).

Neste capítulo mostraremos a você como a geopolítica no Brasil foi gestada, bem como sua sistematização e sua afirmação. Dessa forma, apresentaremos alguns teóricos que se destacaram em diferentes momentos históricos, bem como suas principais contribuições para a geopolítica brasileira. Por ser importante mostrar também que os principais acontecimentos históricos do mundo refletiram nos estudos e no posicionamento desses teóricos, abordaremos, de forma resumida, o papel da Escola Superior de Guerra.

Os meios de transporte, a mudança da capital federal, a geopolítica das fronteiras e a divisão territorial são assuntos presentes neste capítulo, uma vez que muitos teóricos os consideram "grandes temas" da geopolítica brasileira, os quais estão interligados. Procuraremos demonstrar que, ao se considerar um deles, deve-se automaticamente levar em conta os outros, por exemplo: a questão da integração nacional e a ocupação dos espaços vazios, entre outros. Assim, o debate se faz necessário ao concebermos a geopolítica como a utilização dos fatores geográficos e sua aplicação para formular uma política que vise principalmente a fins estratégicos.

2.1 Geopolítica no Brasil

Além dos Estados Unidos e da Europa, o Brasil, mesmo que de forma incipiente, produziu inúmeros estudos sobre as teorias geopolíticas. Um diferencial entre o nosso país e os EUA é que, neste último, os estudos foram feitos para refutar a geopolítica e, no caso brasileiro, as teorias foram imediatamente absorvidas pelos autores nacionais.

Inúmeras são as formas de apresentar a geopolítica brasileira. Uma das formas de sistematizá-la é em períodos, conforme pode ser verificado no Quadro 2.1.

Quadro 2.1 – Sistematização da geopolítica brasileira em períodos e principais acontecimentos

Período	Principais acontecimentos
Primeiro período (1920-1930)	Corresponde aos anos da gênese da geopolítica no Brasil. Foram os anos em que a geopolítica começou a ser sistematizada. A geopolítica não só no Brasil, mas em todo o mundo, estava ainda ensaiando os seus primeiros passos.
Segundo período (1930-1940)	Época do conflito mundial, amadurecimento da geopolítica; corresponde ao período de afirmação da geopolítica no país.
Terceiro período (1948-1964)	Caracterizado pelo surgimento da Escola Superior de Guerra (ESG); os estudos são marcados pelo clima de Guerra Fria. Período tido como doutrinário e que se estende de 1948, com a criação da ESG, até 1964, com o golpe militar.
Quarto período (1964-1984)	Considerado o ciclo militar. Caracteriza-se pela ascensão do estamento militar ao comando do aparelho do Estado, e quando os estudos estão voltados não somente para o binômio "segurança e desenvolvimento", mas para a tentativa de mostrar que o país se encontra em vias de se tornar uma grande potência.
Quinto período (1980-1990)	Nesse período, muitas eram as dificuldades que o país enfrentava. Porém, em termos práticos, o governo brasileiro havia elaborado controvertidas propostas, como o próprio projeto Calha Norte[1].

Fonte: Elaborado com base em Miyamoto, 1995.

1. "O Programa Calha Norte (PCN) foi criado em 1985 pelo Governo Federal diante de uma preocupação dos militares sobre a causa amazônica. Naquela época, se propagava a cobiça internacional sobre as reservas naturais estratégicas do país.
Desde 1999 sob a coordenação do Ministério da Defesa, o Calha Norte tem o propósito de promover a ocupação e o desenvolvimento ordenado e sustentável da região amazônica. O programa abrange 379 municípios, distribuídos em oito estados: Acre, Amapá, Amazonas, Mato Grosso, Mato Grosso do Sul (faixa de fronteira), Pará, Rondônia e Roraima." (Brasil, 2018)

Conforme verificamos no Quadro 2.1, a geopolítica brasileira é apresentada com uma amplitude de aproximadamente sete décadas. Dessa forma, o surgimento dos primeiros estudos nacionais sobre a geopolítica brasileira correspondeu às décadas de 1920 e 1930. Para muitos teóricos, esse é o período em que a geopolítica começou a ser sistematizada, e, mesmo que de forma incipiente, tem-se pessoas preocupadas com a temática. Cabe destacarmos que os primeiros passos da geopolítica estavam sendo ensaiados não somente no Brasil, mas em praticamente todo o mundo.

Assim, as teorias de estudiosos como Halford Mackinder (que acabava de dar forma à Teoria do *Heartland* ou da *Pivot Area*), Friedrich Ratzel e Rudolf Kjellén ainda eram recentes. Já no Brasil, esse período apresentou poucos autores, entre eles: Elysio de Carvalho (1880-1925), Everardo Backheuser (1879-1951), Carlos Delgado de Carvalho (1884-1980), Mário Travassos (1891-1973) e Francisco de Paula Cidade (1883-1968). Apesar de o número de geógrafos não era tão expressivo, cada um deles mostrou a importância e solidez de seus trabalhos para a geopolítica nacional.

Os teóricos Elysio de Carvalho, Everardo Backheuser[2] e Carlos Delgado de Carvalho têm uma linha teórica diferente da dos geopolíticos Mário Travassos e Francisco de Paula Cidade e inscreveram-se nas tradições da escola determinista. Assim, Elysio de Carvalho e Everardo Backheuser se identificavam de forma mais intensa com a escola determinista, que foi refutada por Carlos

---

2. Engenheiro, geólogo, geógrafo, escritor, deputado estadual e pedagogo brasileiro. Destacou-se por sua atuação intelectual. Publicou inúmeros artigos em jornais e revistas, em sua atividade como professor e geógrafo.

Delgado de Carvalho, argumentando que se situava entre as escolas determinista e possibilista,[3] assim, não pertencia a nenhuma.

Um dos teóricos que influenciou fortemente os geopolíticos brasileiros foi Ratzel. No entanto, suas concepções de espaço, posição e poder nem sempre foram interpretadas da mesma forma pelos estudiosos brasileiros. Cabe enfatizarmos, no entanto, que, conforme explicita Miyamoto (1995, p. 46),

> a utilização desses elementos [...] é fato perfeitamente compreensível, porque o país, situando-se entre os maiores possuidores de massas terrestres, necessariamente teria que ver seu espaço e sua posição geográfica considerados por quem quer que se dispusesse a estudá-lo, independentemente de ter ou não lido Ratzel ou Mackinder.

Dos primeiros estudiosos da geopolítica brasileira, Everardo Backheuser é considerado pela grande maioria um dos que se preocuparam com o tema e como o precursor desses estudos no

---

3. O determinismo sempre esteve presente em todas as colocações de Carvalho. O espaço e a posição – noções apreendidas de Ratzel – ocuparam lugar importante para analisar a "equação geral do Brasil". Se de um lado considerava o espaço como um fator positivo ao país, concluía também que, quanto à posição o país, havia um saldo negativo "desde o clima adverso até a nossa situação no hemisfério sul, longe dos centros de maior atividade política (Backheuser, 1926, p. 62, citado por Miyamoto, 1995, p. 53). Afinal, qual a principal diferença/distinção apresentada entre o determinismo e o possibilismo e seus principais precursores? Ao "publicar a obra *Politische Geographie* (Geografia política), Ratzel, que evidentemente não foi pioneiro no uso desse rótulo, sistematizou uma leitura espacial da política e ao mesmo tempo reformulou a maneira pela qual a ciência geográfica abordava o fenômeno político. Foi justamente esse escrito de Ratzel que suscitou uma forte reação francesa, que pouco a pouco construiu um inimigo teórico, a 'escola geográfica determinista germânica', que teria em Ratzel o seu mentor. Mas foi o historiador – e amigo de La Blache – Lucien Febvre, na sua monumental obra *La Terre et l'evolution humaine*, editada em 1922, quem criou de forma mais acabada e sistematizada a ideia da existência de duas 'escolas geográficas' antagônicas, uma 'determinista' e simbolizada por Ratzel, e a outra 'possibilista' e capitaneada por La Blache" (Vesentini, 2013).

país, sistematizando informações e dando corpo para que a disciplina se desenvolvesse em território nacional.

No entanto, não foi Backheuser o primeiro a se preocupar com problemas de ordem geopolítica, mesmo porque a própria Escola Superior de Guerra (ESG)[4] considera Alexandre de Gusmão o pioneiro do pensamento geopolítico brasileiro, sendo ele responsável pelo Tratado de Madri.

É salutar enfatizarmos que por diversas razões nem Alexandre de Gusmão (1695-1753) nem o Barão do Rio Branco (1845-1912), mesmo que reconhecidos pelos trabalhos que realizaram no Brasil, podem ser considerados pioneiros nos estudos da geopolítica brasileira. Em primeiro lugar, porque eles não sistematizaram a geopolítica nem encontraram referências claras sobre a temática. Em segundo, porque, naquele momento, as grandes teorias de Kjéllen, Ratzel e do próprio Mackinder ou não haviam sido ou ainda estavam sendo elaboradas.

A divulgação da geopolítica no Brasil é iniciada por Everardo Backheuser, que, por mais de três décadas, entre 1920 e 1950, foi o primeiro a impulsionar a geopolítica nacional. Elysio de Carvalho foi considerado o grande geopolítico cuja obra é um marco para o estudo da geopolítica brasileira, utilizando e aplicando para o território nacional os conceitos de Kjellén e Ratzel. Foi ainda o primeiro a se referir ao papel da geopolítica como elemento propulsor e determinante dos destinos do país.

Em 1925, na prisão, Backheuser apresentará as primeiras noções da geografia política. Assim, como destacam alguns teóricos, seu primeiro contato foi através da geografia política de Ratzel.

---

4. O tema sobre a Escola Superior de Guerra será mais bem desenvolvido ainda neste capítulo.

Dessa forma, as ideias desse autor, bem como as de Kjellén, permearam as atividades de Backheuser.

A produção intelectual de Backheuser merece destaque, com a publicação de artigos e livros que buscaram promover um projeto mais amplo de consolidação do Estado nacional brasileiro e colocar, continuamente, o país entre as nações progressistas do mundo. Desse modo, a visão de mundo percorrida por esse teórico fazia alusão particularmente à territorialidade e à nacionalidade, elementos que para ele estavam imbricados profundamente no contexto da formação nacional brasileira.

Suas principais publicações foram:

» 1918 – "Os sambaquis do Distrito Federal" (artigo)
» 1945 – *A faixa litorânea do Brasil meridional*
» 1926 – *A estrutura política do Brasil: notas prévias*
» 1933 – *Problemas do Brasil. Estrutura geopolítica*[5]
» 1950 – *Curso de geopolítica geral e do Brasil*

Além de Everardo Backheuser e Elysio de Carvalho serem considerados os primeiros a darem passos para a geopolítica nacional, merece destaque Delgado de Carvalho, que a partir de 1929 participou desse momento inicial, com a obra *Introdução à geografia política*, deixando clara a sua concepção de geografia política, desvinculando, assim, a geografia política da geopolítica.

---

5. As publicações de 1926 e 1933 podem ser consideradas as obras mais expressivas em que as ideias de Backheuser são divulgadas.

Figura 2.1 - A influência da geopolítica americana, alemã e francesa na geopolítica brasileira

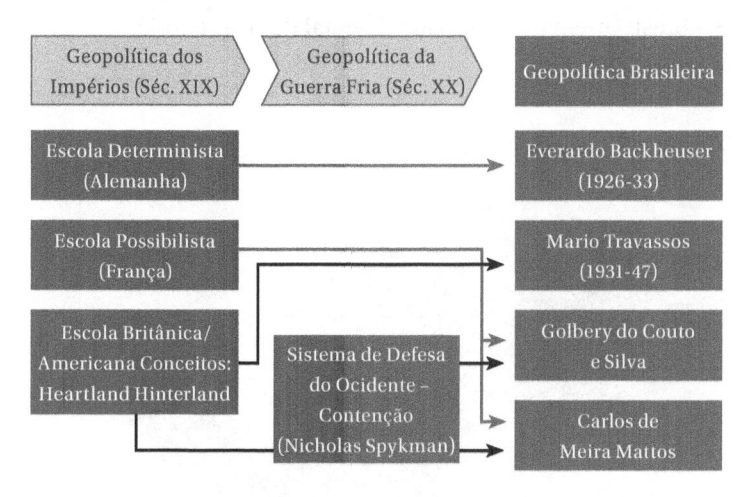

Geopolítica dos Impérios (Séc. XIX)	Geopolítica da Guerra Fria (Séc. XX)	Geopolítica Brasileira
Escola Determinista (Alemanha)		Everardo Backheuser (1926-33)
Escola Possibilista (França)		Mario Travassos (1931-47)
Escola Britânica/ Americana Conceitos: Heartland Hinterland	Sistema de Defesa do Ocidente - Contenção (Nicholas Spykman)	Golbery do Couto e Silva / Carlos de Meira Mattos

Delgado de Carvalho foi o primeiro a apresentar uma classificação metódica sobre o clima brasileiro, o que lhe rendeu vários prêmios e cargos. Mais tarde sua obra foi publicada como *Météorologie du Brésil*.

Sua primeira obra em português, *Geographia do Brasil*, lançada em 1913, trazia como elemento norteador as características físicas e econômicas de cada região. O teórico foi além, ao estudar a influência do homem sobre o meio, sendo o responsável pela divisão do país em cinco regiões naturais, algo considerado complexo pelos intelectuais da época, devido às dimensões e à diversidade cultural. Dessa forma, Carvalho dava uma unidade ao país, partindo da sua geografia, o que correspondia aos anseios de criação de uma identidade nacional (IBGE, 2009).

Conforme apresentado pelo Instituto Brasileiro de Geografia e Estatística (IBGE, 2009), as regiões naturais consideradas por Delgado de Carvalho em sua obra eram:

1. Brasil Amazônico;
2. Brasil Norte-Oriental (o "Nordeste Subequatorial" de Travassos);
3. Brasil Oriental (a "Vertente Oriental dos Planaltos");
4. Brasil Platino.

Mapa 2.1 – Regiões naturais de Delgado de Carvalho

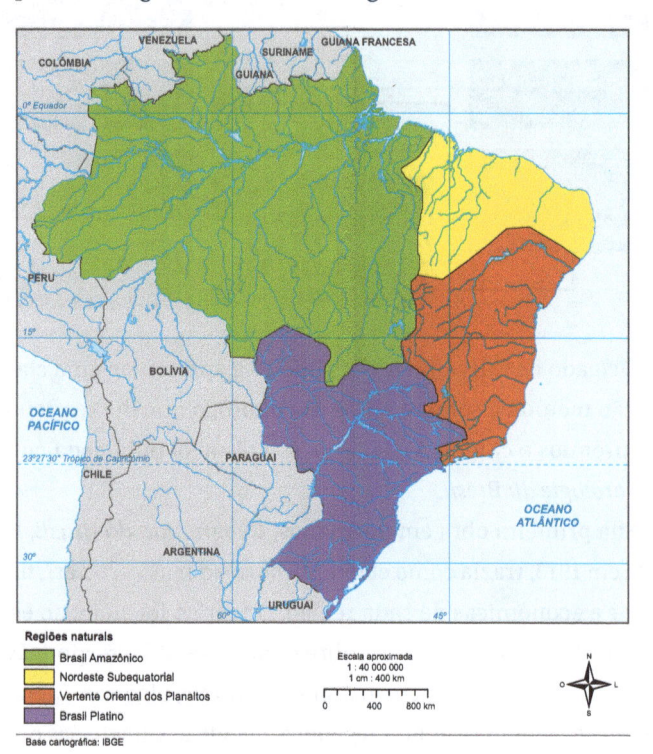

Fonte: Dokumentation Obersalzberg, 2018.

Os principais fatores que Carvalho levou em consideração para a divisão das quatro regiões foram: o relevo, o clima e a vegetação. *A divisão em regiões naturais* tornou-se clássica e exerceu uma grande influência no ensino da geografia nas primeiras décadas do século XX.

Uma das grandes dificuldades encontradas por Carvalho ao definir as regiões naturais na década de 1920 se deu, principalmente, porque não se conhecia o quadro territorial detalhado no período. Assim, coube ao teórico readaptar os "fatos geográficos" que caracterizariam as grandes regiões. Aproveitando essa imprecisão técnica, seria possível, por exemplo, agrupar os estados da federação em regiões geográficas, sem ter de desmembrá-los, como ocorreu em outros países (IBGE, 2009).

Mapa 2.2 – Divisão regional do Brasil (1913), de Delgado de Carvalho

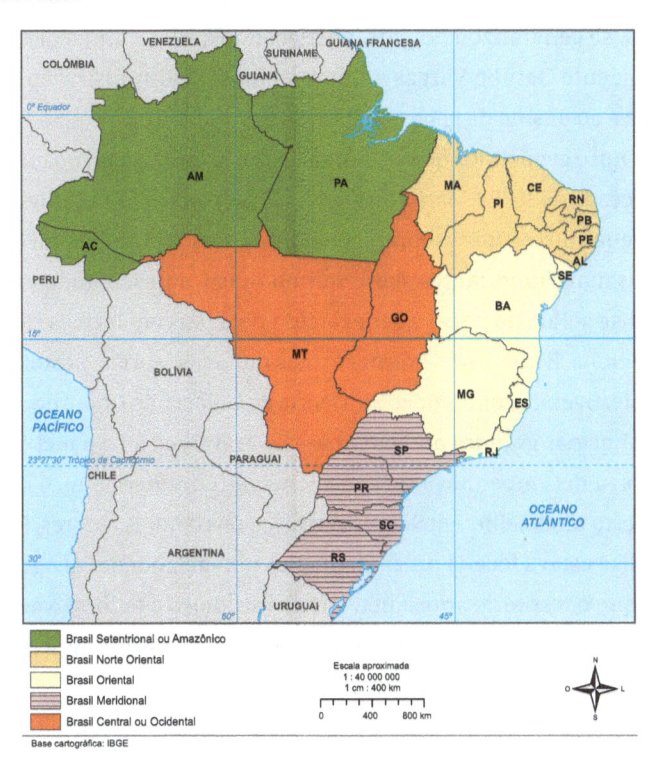

Fonte: Rocha, 2011.

Confome dados do IBGE (2009), em 1941, a divisão por regiões naturais que havia sido proposta por Delgado de Carvalho foi retomada por Fábio Macedo Soares Guimarães e a equipe do Conselho Nacional de Geografia (CNG). Com algumas modificações, essa divisão resultou na institucionalização das grandes regiões naturais do Brasil da seguinte forma: Grandes Regiões (Norte, Nordeste, Leste, Centro-Oeste e Sul); regiões fisiográficas (31); sub-regiões (66) e zonas (aproximadamente 160). Essa divisão foi obtida em segunda aproximação considerando as características fisionômicas (naturais e humanas) dos municípios brasileiros. Essa divisão regional, tal como foi estabelecida pelo CNG, se generalizou no país, obedecendo às determinações do Presidente Getúlio Vargas a fim de atender à administração pública e ao ensino da geografia brasileira.

Outro geopolítico que se destaca no cenário nacional no início da década de 1930 é Mário Travassos. Ele é considerado um divisor de águas nos estudos sobre a geopolítica nacional, com uma das obras mais importantes já escritas no Brasil, apresentando uma análise sólida do papel a ser exercido pelo país em termos internacionais. É importante destacarmos que suas teorias, posteriormente, tiveram continuidade na teoria de Golbery do Couto e Silva.

Uma das grandes preocupações de Travassos foi o papel que o Brasil desempenhava no continente latino-americano, o que, de certo modo, diferenciava esse teórico dos demais autores. Sua análise estava focada unicamente nas potencialidades geográficas que o território apresenta. Para o estudioso citado, são os fatores geográficos que constituem os elementos essenciais à compreensão do complexo geo-político sul-americano.

Outra questão que merece destaque é sua inquietação com o controle físico do continente e as saídas que os oceanos propiciam ao país. Mas cabe o questionamento: Qual era a razão para tanta preocupação? O fato de que todos os países considerados potências sempre estiveram em contato com o mar. Portanto, "quanto maior o número de saídas, maiores as possibilidades de controle de áreas vitais, acarretando, portanto, o fortalecimento do poder do país assim privilegiado" (Miyamoto, 1995, p. 58).

Se os países considerados potências sempre estiveram em contato com o mar, o inverso também ocorria nos países mediterrâneos, que têm pouca possibilidade de viabilizar o seu fortalecimento. Por estarem cercados, esses países têm tolhidas, já de início, as chances de desenvolver uma de suas armas. Dessa forma, necessitam de uma política de poder, restringindo-se às forças terrestres e aéreas. Já os detentores de longas costas marítimas têm um campo de ação infinitamente superior tanto em termos estratégicos quanto econômicos.

Além disso, Travassos tratou igualmente da projeção continental do país. Para o teórico, ao Brasil não falta unidade geográfica, restando apenas "traduzir politicamente os fatores que a manifestam através do Brasil longitudinal" (Miyamoto, 1995, p. 63). Foi às regiões naturais brasileiras e ao seu papel funcional que ele apelou para mostrar o Brasil Amazônico e o Brasil Platino.

Uma observação importante é que somente com a Escola Superior de Guerra (ESG), ao final da década de 1940, estudos e obras desse gênero passariam a ser produzidos. Já na seara da geografia militar no continente, são profícuos os estudos de Paula Cidade, a partir de 1934, momento em que abordou essa temática de suma relevância.

O teórico estudou principalmente as potencialidades de todos os países da América do Sul, ao mesmo tempo que fez uma digressão histórica a respeito do Brasil. Alguns elementos de destaque foram a ocupação da terra, a posse da Bacia Amazônica e a influência do Rio São Francisco. Outras questões de extrema necessidade para fins de análise constituem o posicionamento militar do país na América do Sul e as coligações militares antiBrasil.

2.2 Afirmação da geopolítica no Brasil

Devido aos escritos de Karl Haushofer e dos demais profissionais que estavam a sua volta, a produção de estudos geopolíticos se intensificou no período inicial da Segunda Guerra Mundial, deixando temerosos inúmeros países, fato que mereceu importância significativa e acabou sendo utilizado pelos estudiosos e estrategistas de todo o mundo.

Com a Segunda Guerra Mundial, a geopolítica alemã atingiu o seu apogeu, e, mesmo em guerra, o mundo tomou conhecimento da sua existência. As distâncias entre as fronteiras passaram a ser cada vez menores. Além disso, naquele momento foram colocadas à prova praticamente todas as teorias, sobretudo, as diferentes concepções de poder terrestre, marítimo e aéreo. Em outras palavras, como argumenta Miyamoto (1995, p. 65), "era a luta pela conquista do espaço e do poder. As teorias de Ratzel, Kjellén, Mackinder, Mahan, Spykman estavam orientando a conduta estratégica da guerra".

Contudo, devemos nos questionar: qual a relação da geopolítica alemã para a afirmação da geopolítica no Brasil? O Brasil, como apontam inúmeros teóricos, não passou ileso por esses acontecimentos. O país viu-se envolto pelo denso clima da guerra, inclusive como participante direto. Assim, entre as décadas de

1930 e 1940, houve um aumento significativo de ensaios e publicações de estudiosos nacionais e internacionais sobre a geopolítica. Além disso, surgiram a *Revista Brasileira de Geografia* (1939) e, em 1943, o *Boletim Geográfico*, importantes para a divulgação dos trabalhos produzidos.

Com a criação das revistas, e a produção intelectual crescente, a geopolítica dos anos 1940 fincou raízes, ocupando seu espaço no Brasil. A geopolítica brasileira passou a pesquisar temas como a distinção entre a geografia política e geopolítica, sua importância no estudo da geografia e da história, além das várias conceituações sobre a geopolítica, que, por sua vez, deixam de ser monopólio de um número reduzido de pesquisadores, entre eles Backheuser, Delgado de Carvalho e Travassos.

A partir desse momento, outros teóricos até então pouco conhecidos passaram a exercer um papel determinante na produção e análise da geopolítica brasileira. Nesse caso, cabe destacarmos Raja Gabaglia, Moisés Gikovate, Adalardo Fialho, Teixeira de Freitas, Lysias Rodrigues, Canabarro Reichardt e Leopoldo Nery da Fonseca – todos eles com seu próprio posicionamento teórico e político.

Assim, Backheuser e Raja Gabaglia – da mesma linha de reflexão – mostravam que o fator geográfico é a base permanente de toda a evolução humana. Gabaglia não se apresentava como um crítico da geopolítica, mas era reservado quanto à forma como ela era estudada e utilizada, sobretudo na Alemanha de Hitler, onde se verificou uma distorção dos princípios enunciados por Ratzel e Kjellén.

Outro teórico que se destaca é Moisés Gikovate. Em um de seus ensaios, ele pontua que a geopolítica precisava assumir uma importância cada vez maior no estudo da geografia e da história.

A divulgação dos teóricos acabou sendo ínfima e trazendo inúmeros problemas no período de guerra. A principal preocupação dos geopolíticos brasileiros era em relação ao fato de a geopolítica ser prontamente associada à política germânica, o que fez com que os próprios membros das entidades a proibissem até mesmo em palestras.

O geopolítico Backheuser foi responsável, nos anos 1944 e 1945, em plena guerra, pelos primeiros cursos de geopolítica ministrados pelo Instituto Rio Branco. Dois anos depois, entre os anos de 1947 e 1948, o Instituto Cultural Brasileiro também acabou incluindo a disciplina em seu currículo. Um ano mais tarde, em 1949, no Rio de Janeiro, é criado o Instituto Brasileiro de Geopolítica, que num período de aproximadamente 12 anos acabou sendo polarizador de parcela considerável de estudiosos nacionais.

Os geopolíticos brasileiros tiveram influências dos grandes geopolíticos mundiais. Tanto Miyamoto como Mello identificam fortes influências de Ratzel, Kjéllen, Mackinder e Spykman, principalmente, nos estudos de E. Backheuser, M. Travassos, L. Rodrigues e Golbery, dentre outros. A revisão crítica das principais teorias geopolíticas que os dois comentaristas apresentam no início dos seus estudos tem o objetivo de demonstrar essa vinculação. Mello, por exemplo, identifica claramente a influência de Mackinder em M. Travassos e a de Spykman em Golbery. Miyamoto, por seu lado, vê uma influência generalizada do que chama de "determinismo de Ratzel" em praticamente toda a geopolítica brasileira, que ele (Miyamoto) chama de "geográfico". Os dois autores procuram também distinguir a geografia política da geopolítica, identificando com esta última o que foi desenvolvido no país. Em ambos, o recurso aceito e utilizado para essa distinção é o do **deslocamento** desse campo de **estudos da geografia para a ciência política**, que teria sido proposto por Kjéllen. (Costa, 1992, p. 189-190, grifo do original)

Outros dois teóricos que merecem destaque na geopolítica brasileira são Adalardo Fialho e Mário Travassos[6], que abordaram a posição geográfica do Brasil, situada no contexto da geopolítica mundial e a estrutura geomilitar do país.

Para a geopolítica brasileira, a década de 1940 foi extremamente frutífera e considerada o período mais importante na história do país, ao discutir grandes temáticas nacionais, entre elas destacam-se quatro amplos temas: as fronteiras, a mudança da capital federal, a divisão territorial e os meios de comunicação viária. Todos os temas destacaram-se como fundamentais e serviram como uma antessala para a criação da Escola Superior de Guerra.

---

6. O Marechal Mário Travassos (1891-1973) participou da Força Expedicionária Brasileira (FEB) na Segunda Guerra Mundial. Ele idealizou a Academia Militar das Agulhas Negras (Aman) e foi seu primeiro-comandante. Foi também membro da comissão que escolheu a nova capital federal. Foi presidente da Associação Brasileira de Educação (ABE) e redator do *Jornal do Brasil*. Colaborou ainda no *Defesa Nacional* e no *O Estado de S. Paulo*. Inspirou, com suas ideias políticas, o desenvolvimento dos meios de transporte no Brasil e reforçou as ligações entre o Brasil, a Bolívia e o Paraguai e as rodovias longitudinais integradoras do território brasileiro. Além disso, ele influenciou os generais geopolíticos militares, entre eles: Golbery do Couto e Silva até Carlos de Meira Mattos, que se basearam no antagonismo entre Bacia do Prata e Bacia Amazônica para suas análises geopolíticas sobre a América do Sul, tal como definido na obra *Projeção Continental do Brasil*.

2.3 Escola Superior de Guerra

Os estudos geopolíticos no Brasil, ou particularmente da Escola Superior de Guerra, surgiram em um contexto crítico em termos de realidade brasileira e internacional. "No contexto internacional, se vivia o início da chamada Guerra Fria e, no âmbito interno, respirava-se um clima de liberdade, após a derrocada da ditadura estado-novista, em meio à reconstitucionalização do país, surge a Escola Superior de Guerra" (Escola..., 2018).

Além disso, com o clima da Guerra Fria, as disputas entre potências mundiais se instauraram. Assim, os Estados Unidos e a União Soviética, as duas maiores potências econômicas e militares da época, desencadearam um confronto ideológico, que perdurou por muitas décadas e trouxe o perigo do "inevitável confronto" entre o Ocidente democrático e o mundo comunista, o que influenciou de forma direta nos novos estudos.

Os fundadores da ESG idealizaram a criação de um espaço de formação de profissionais de excelência, com o intuito de proteger as riquezas naturais do Brasil e transformar o país numa grande potência mundial. A ESG nasceu sob a influência das experiências de um grupo de militares capitaneados pelo Marechal César Obino. Ao mesmo tempo surge uma nova geração de estudiosos na área da geopolítica brasileira, como Golbery do Couto e Silva, Carlos de Meira Mattos, João Baptista Magalhães, Waldyr Godolphim e Aurélio de Lyra Tavares.

Assim, em 22 de outubro de 1948, a Escola Superior de Guerra (ESG) foi criada no Brasil por meio do Decreto n. 25.705, organizada de acordo com a Lei n. 785, de 20 de agosto de 1949, e subordinada à Presidência da República, através do Estado-Maior das Forças Armadas (EMFA).

A ESG foi criada nos moldes dos *War Colleges* estadunidenses (nos Estados Unidos, há um *college* para cada uma das forças armadas, além do Industrial War College, dedicado aos assuntos de mobilização, e do National War College, dedicado a operações conjuntas). Um dos países que contribuiu de forma ímpar com todo o apoio e assistência para a fundação da ESG foi os Estados Unidos. Portanto, desde a sua criação em 1949 até o início da década de 1970, a relação íntima entre os dois países perdurou, sobretudo, pela presença física regular nas dependências da escola de um oficial de ligação estadunidense.

Figura 2.2 - Prédio da Escola Superior de Guerra (1949)

Acervo Iconographia

O principal objetivo para a criação da Escola Superior de Guerra era traçar uma política de segurança nacional. Para isso, lançou-se mão de diversos elementos que serviram de fundamento para a formulação do Conceito Estratégico Nacional, ou Grande Estratégia. Além disso, as publicações editadas pela ESG que tratavam exclusivamente da geopolítica eram poucas, embora caiba apontarmos que os fundamentos teóricos tinham como base, principalmente, o espaço e a posição, como já se referiu Ratzel em sua obra *Geografia política*.

Para o geopolítico Golbery do Couto e Silva, o conceito estratégico é o fundamento de todo o planejamento estratégico nacional. Já a política de segurança nacional é considerada o eixo em torno do qual gravitam as preocupações da ESG.

Com a estreita relação do Brasil com os Estados Unidos, a produção de trabalhos sobre a segurança nacional e sobre as condições geopolíticas brasileiras especificamente foi profícuo.

Golbery do Couto e Silva tem praticamente todos os seus trabalhos gestados na década de 1950, escritos sob o clima da Guerra Fria, o que impossibilita situá-los no contexto pós-1964. Entre suas principais obras estão *Planejamento estratégico* (1955), *Aspectos geopolíticos do Brasil* (1957) e *Geopolítica do Brasil* (1967).

Assim, algumas observações sobre as obras de Couto e Silva precisam ser tecidas. Primeiro, muitos dos conteúdos apresentados nas suas obras ainda apresentam validade, mesmo que parte de suas teses não tenha sido aplicada na íntegra, já que a prática dos governos não comprovou o seguimento de muito do que ele escreveu. Dessa forma, houve tentativas de vincular a obra principal de Miyamoto – *Geopolítica do Brasil* – a muitas das atividades e medidas tomadas após o golpe militar de 1964.

Assim, a doutrina da ESG pode ser considerada responsável por parte da conduta dos governos militares de acordo com o prestígio político da doutrina. A ESG também foi a grande articuladora da formação de uma elite responsável pela política nacional. Essa elite pode ser descrita como aqueles que ocupavam cargos nos altos escalões governamentais da administração.

O golpe de 1964, momento em que os militares assumem o controle do aparelho do Estado, representou uma grande ruptura e se diferenciou dos demais períodos. Trata-se de um período profícuo, pois, como preconizava a escola, tenta-se colocar em prática o modelo de desenvolvimento econômico cujo objetivo era fortalecer o Poder Nacional.

Nesse período, a quantidade de publicações diminuiu substancialmente, em maior parte porque os teóricos eram os mesmos da década de 1950. Os geopolíticos de maior expressão que surgiram nesse período são Therezinha de Castro e Paulo Henrique da Rocha Correia.

Na década de 1980 e na seguinte, o Centro Brasileiro de Estudos Estratégicos (Cebres), preocupado em discutir temas como defesa nacional, segurança e desenvolvimento, edita os chamados *Cadernos de Estudos Estratégicos*, congregando civis e militares. Dessa forma, em 1961, o Instituto Brasileiro de Geopolítica encerrou suas atividades. Contudo, é importante enfatizarmos o papel que a ESG desempenhou na formação de praticamente todos os presidentes que estiveram no poder durante o regime militar, como Castelo Branco, Costa e Silva, Emílio Médici e Geisel. No entanto, apesar da formação na ESG, nos governos de Costa e Silva e Médici, a influência política da ESG ficou à margem das decisões dos presidentes, que não acolheram muitas de suas sugestões.

2.4 Grandes temas da geopolítica brasileira

Alguns temas têm merecido destaque e ao mesmo tempo preocupação na geopolítica brasileira. Assim, o objetivo desta seção é apresentar quatro grandes temas, os quais não podem ser desvinculados uns dos outros:

1. os meios de transporte;
2. a mudança da capital federal;
3. a geopolítica das fronteiras;
4. a divisão territorial.

Ao pensarmos nos quatro grandes temas, imediatamente os relacionamos com o problema da integração nacional, e, consequentemente, com a ocupação dos grandes espaços vazios no país. Assim, Miyamoto (1995, p. 145) mostra que, "se entendermos a geopolítica como a utilização dos fatores geográficos e sua aplicação na formulação de uma política visando principalmente a fins estratégicos, torna-se compreensível por que tem sido constantemente debatido [sic]".

2.4.1 Geopolítica dos transportes

Podemos iniciar este tópico afirmando que o sistema viário é fundamental para um país, ou seja, países que não têm um sistema viário adequado encontram-se tolhidos, pois não conseguem escoar suas riquezas.

Dessa forma, Miyamoto (1995, p. 146) mostra que:

> é esta uma das funções básicas que tem sido atribuídas aos meios de comunicação: possibilitar o escoamento econômico, facilitando o desenvolvimento do país. Outras funções podem igualmente ser-lhes atribuídas, como unir os diferentes pontos regionais, viabilizar a integração nacional e ocupar os espaços vazios.

Para teóricos como Vallaux[7] e Brunhes, os problemas fundamentais da geografia política são as estradas, junto com o Estado e as fronteiras. Ainda na concepção desses autores, a rede viária constitui o sistema nervoso do Estado. No caso brasileiro, principalmente as regiões fronteiriças, consideradas pela constituição brasileira como zonas de segurança nacional, sempre se destacaram e receberam importância, uma vez que se constituem como iniciativas governamentais.

Tanto a escola possibilista (Vidal de La Blache) quanto a organicista consideram os meios de comunicação fatores ímpares para o desenvolvimento de um país. Ou seja, o sistema viário eficaz é essencial ao Estado moderno, independentemente de qualquer ideologia que o guie, para que possa dominar a geografia do seu território, complementa Miyamoto. Muitos foram os países que, para defender e preservar seus territórios, utilizaram estratégias, principalmente na Europa do século XIX, quando a Rússia uniu suas capitais, ligou São Petersburgo a Moscou entre 1843 e 1851 e fortaleceu o sistema viário nos locais considerados mais vulneráveis, após a derrota na Guerra da Crimeia (1856). Outro exemplo foi o caso da França, que, logo depois do conflito com a Prússia, em 1870, reconstituiu todo o sistema para adaptá-lo às novas fronteiras.

Ainda para esse autor, no continente americano temos vários exemplos que ajudam a compreender a importância dos meios de transporte, tanto para o escoamento das riquezas como para unir o território. Exemplos disso são a Bolívia e o Paraguai, que estão sujeitos à influência dos países que os rodeiam e cujas saídas mais próximas para os oceanos só podem ser efetuadas através do Chile, do Brasil e da Argentina.

---

7. Sobre esse assunto, ver Vallaux (1911, 1914).

No Brasil, a rede viária é deficiente, o que pode ser facilmente percebido devido a uma má distribuição das estradas, que salpicam levemente o interior (com péssimas condições de acesso) e estão concentradas basicamente nas Regiões Sul e Sudeste, que são as mais densamente povoadas. Tendo em vista que é fundamental integrar o território para poder fortalecê-lo, o general Golbery, quando tratou da interiorização, argumentava sobre a necessidade de criar no interior novos polos geradores e propulsores do desenvolvimento econômico.

Vários foram os planos elaborados em diferentes momentos históricos, desde o período do Império, quando se visava ocupar espaços vazios com os meios de transporte. O Quadro 2.2 mostra alguns desses planos e o objetivo de cada um deles.

Quadro 2.2 – Principais planos para ocupação do espaço vazio

Responsável	Objetivo
Cristiano Otoni	1858 – Com a inauguração da Estrada de Ferro D. Pedro II, o engenheiro tinha que ter um plano que "possibilitasse ocupar todo o território nacional, não se detendo apenas às regiões mais densamente ocupadas, mas se estendendo tanto pelo lado da fronteira paraguaia, como atingindo a fronteira da Guiana Francesa" (Miyamoto, 1995).
Ramos de Queiroz	1874 – Elaborou a construção de estradas atravessando o país em diversos sentidos, tomando como ponto de referência a unidade fluvial: o rio São Francisco. Sua proposta incluía a ligação de Porto Alegre a Corumbá, Salvador a São Luís e a cidade baiana de Canavieiras à fronteira boliviana.
André Rebouças	1874 – Propôs a construção de linhas ferroviárias acompanhando o sentido dos paralelos (apoiado nos exemplos norte-americano e europeu).

(continua)

(Quadro 2.2 – conclusão)

Responsável	Objetivo
Honório Bicalho	1881 – Sua proposta era radicalmente oposta a todas as propostas apresentadas até então. Sua ideia era de que a ferrovia corresse paralelamente ao longo dos grandes rios, o que tornava sua realização, em termos relativos, menos onerosa e mais viável.
Oliveira Bulhões	1882 – Fez a última proposta para a ligação dos territórios ainda no Império. Sua ideia preconizava a necessidade de atuarem conjuntamente o meio ferroviário e a navegação fluvial. Diferente de Bicalho, uma das vantagens de Bulhões era utilizar traçados mais retos para interligar as regiões.

Fonte: Elaborado com base em Miyamoto, 1995.

Cabe apontarmos que, com o fim do Império, nenhum dos projetos apresentados foi aprovado. O período republicano surgiu com um novo ímpeto. Contudo, é com a Revolução de 1930 que vários planos foram aprovados, adquirindo, quase todos, caráter oficial. Nos anos que se seguiram, muitos outros planos foram apresentados.

No entanto, foi no final da década de 1960 que se empreendeu a tentativa de construção da rodovia de integração Norte-Nordeste, a Transamazônica, que pouco produziu no campo prático. O Mapa 2.3 mostra de forma detalhada a Rodovia Transamazônica (BR-230), criada durante o governo do Presidente Emílio Garrastazu Médici (1969 a 1974), no período da ditadura militar. Muitas cidades surgiram de forma planejada ou mesmo espontaneamente ao longo da rodovia, ocasionando mudanças socioespaciais.

Mapa 2.3 – Rodovia de integração Norte-Nordeste – Transamazônica

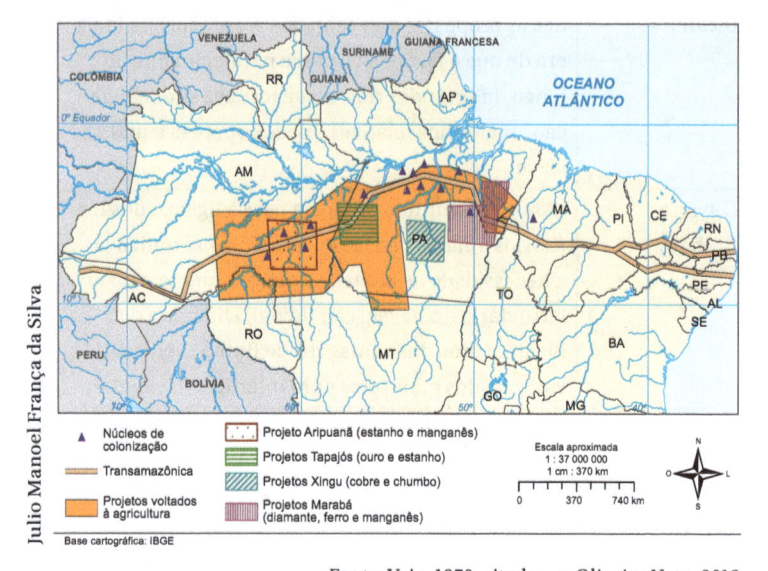

Fonte: Veja, 1970, citada por Oliveira Neto, 2013.

2.4.2 Mudança da capital federal

Por ser um elemento vital para a sobrevivência do próprio Estado, a mudança da capital federal sempre foi uma das grandes preocupações em termos geopolíticos. Localizada no centro urbano, local onde se aglutinam tanto as funções políticas quanto administrativas, a capital federal é também um local visado em qualquer tipo de conflito, por ser a cabeça pensante do Estado, e, tal como a fronteira, constitui um reservatório de forças de ordem não apenas espiritual, mas também material.

Segundo Vesentini (2000), em 1984 ocorreu uma polêmica a respeito da transferência da capital do Brasil para o Planalto

Central, colocando-nos diante de duas maneiras de conceber o poder político no espaço geográfico.

A primeira questão se refere a um pensamento que encara o espaço do ponto de vista da segurança do Estado, e que defende a construção de uma nova capital, numa área específica traçada já, pelo menos, desde 1892 – o "retângulo Cruls".

A segunda questão procura apreender o político através do espaço, que não tem ainda uma posição definida sobre a transferência da capital, preferindo antes refletir sobre o significado de uma cidade-capital, se essa mudança convém ou não à sociedade nacional e, se for o caso, qual seria o local apropriado (sem uma delimitação a *priori* para essa localização).

A localização geográfica é essencial no que se refere à capital federal. Por ser o centro nervoso nacional, precisa estar situada em local adequado, que a proteja de eventuais ataques e a impeça de ser o primeiro alvo de inimigos externos ou internos.

São inúmeros os exemplos na história que mostram que a má localização das capitais é determinante para a derrota de vários países, como foi o caso de Paris e Buenos Aires.

Ratzel e Vallaux apresentam teorias distintas. Para Ratzel o melhor lugar para a localização da capital é o centro do país. Contudo, precisamos pontuar alguns elementos e ponderar sobre a transferência da capital de um país do litoral para o interior. Na concepção de Vallaux, a capital não tem necessariamente que ser localizada no centro do país. Para o teórico, ela deve estar localizada, próximo das fronteiras mais ativas do país, pois, em caso de conflito, as decisões podem ser tomadas e as ações, imediatamente concretizadas.

De forma sintetizada, as capitais centrais têm a vantagem de ser centrípetas, enquanto as periféricas, ao contrário, apresentam-se quase sempre exercendo função centrífuga. No caso das capitais periféricas, situadas ao longo das costas marítimas, elas têm tido mais função comercial do que política e administrativa. Seus portos, que efetuam o intercâmbio com outros países, estando em contato mais direto com o exterior, sofrem, consequentemente, influências de forma mais rápida.

Resgatando o que foi pontuado por Ratzel, que o melhor lugar para a localização da capital é o centro do país, cabe uma pergunta: trata-se do centro geográfico pura e simplesmente, ou do centro comercial e demográfico? As opiniões e teorias a esse respeito são diversas e divergentes. Para alguns autores, por exemplo, a localização da capital no centro geográfico nem sempre é aconselhável ou a melhor solução, uma vez que, distante dos centros mais habitados, pode facilitar a fragmentação do próprio território em vez de unificá-lo.

Por outro lado, alguns teóricos veem as vantagens sobre a capital estar em locais adjuntos a grandes concentrações populacionais, primeiro porque podem se associar a centros de decisão política e administrativa e, segundo, porque ficam, assim, próximas de grandes centros comerciais e financeiros.

No caso brasileiro, as preocupações com a transferência da capital federal foram inúmeras, não são recentes e estiveram na tônica dos debates de diversos governos, sendo refletidas nas constituições republicanas, como podemos observar a seguir:

» Constituição de 1891 – trazia estabelecido no art. 3º que "fica pertencente à União, no Planalto Central da República, uma zona de 14.400 quilômetros quadrados, que será oportunamente demarcada para nela estabelecer-se a futura Capital Federal" (Miyamoto, 1995, p. 161).
» Constituição de 1934 – trazia no art. 4º:

será transferida a Capital da União para um ponto central do país. O Presidente da República, logo que esta Constituição entrar em rigor, nomeará uma comissão que, sob instruções do Governo, procederá a estudos de várias localidades adequadas à instalação da Capital. Concluídos tais estudos, serão presentes à Câmara dos Deputados, que escolherá o local e tomará, sem perda de tempo, as providências necessárias à mudança. Efetuada esta, o atual Distrito Federal passará a constituir um estado. (Miyamoto, 1995, p. 161)

Em 1891, logo após a promulgação da Constituição, ocorreu a primeira investida para determinar a localização da nova capital. Com o objetivo de conhecer *in loco* a região do Planalto Central, em 1892, foi criada uma comissão chefiada por Luis Cruls, composta de aproximadamente 20 membros, tendo como tarefa principal estabelecer o que se entendia por *Planalto Central*. Posteriormente, esse espaço assim fixado ficou conhecido como o *Retângulo* ou *Quadrilátero de Cruls*.

A segunda investida para determinar a localização da nova capital, de acordo com alguns teóricos, adotou critérios tidos como mais precisos. Assim, foram convencionados **dois critérios** para apoiar e indicar o local: o sítio e a posição. No caso do **sítio**, entendia-se apenas que se tratava do local onde se encontraria a capital; no caso da **posição**, referia-se à situação da cidade em relação às demais, isto é, ao conjunto dos estados e do país.

Após os dois relatórios concluídos e apresentados, as divergências entre qual critério deveria ser adotado geraram inúmeras discussões e justificativas. Assim, prevaleceu a corrente que defendia, em primeiro lugar, os aspectos geopolíticos, principalmente porque, considerando o tamanho do território, ela via na mudança da capital para o interior a melhor forma de ocupar o espaço vazio e a possibilidade de integrar o território nacional, a partir de Brasília.

Anos mais tarde, pode-se notar que, por algumas razões, a cidade nunca desempenhou todas as funções para as quais havia sido escolhida. Primeiro porque a ocupação do território nacional foi feita de forma desordenada; segundo porque a cidade não serviu como local para a fixação definitiva dos parlamentares, que preferem passar a maior parte do tempo nos estados onde residem. Terceiro, as principais atividades financeiras e econômicas localizam-se ainda nos grandes centros como São Paulo e Rio de Janeiro. E quarto porque, além da possibilidade de qualquer míssil poder atingi-la (em caso de conflito internacional), a cidade só pode ser protegida convenientemente se o país for dotado de forças militares competentes e tiver um sistema de proteção aérea eficaz.

2.4.3 Geopolítica das fronteiras

Outro grande tema da geopolítica brasileira que tem merecido amplo destaque e atenção dos estudiosos da área é o das fronteiras, considerado, por excelência, um tema da geopolítica. Assim, você deve estar se perguntando o que vem a ser e qual a importância da geopolítica das fronteiras. Ao nos referirmos a esse ramo de estudo, estamos falando do campo das relações internacionais, o que envolve a política de um Estado em relação a outros e a segurança de seu próprio território.

Quanto à terminologia, existe um enorme debate entre o que é fronteira e o que é limite. Destarte, conforme cita Miyamoto (1995, p. 170):

habitualmente as referências ao termo limite estabelecem que se trata de um conceito que determina rigidamente, pelo menos em tese, onde começa um Estado, portanto onde acaba o outro. O limite estabelece a soberania desse Estado, indica a forma como ele se encontra organizado através de uma linha fixa que o cerca. Serve, portanto, para assinalar o que pertence ao Estado, quais as suas competências e quais os patrimônios nele incluídos.

Já as fronteiras "não são linhas imóveis; elas são consideradas zonas entre um e outro país. Os limites estão, portanto, nelas contidos. De caráter amplo, as fronteiras são faixas territoriais maiores ou menores, de acordo com a conveniência de cada Estado" (Miyamoto, 1995, p. 170).

Contudo, tanto os limites quanto as fronteiras não podem ser considerados estáticos, imutáveis e permanentes, pois são passíveis de mudanças, de acordo com a evolução política dos próprios estados. Ratzel, segundo os critérios da escola determinista, para analisar o espaço de um Estado, diz que "o espaço dos Estados aumenta com o crescimento da cultura" (Ratzel, citado por Miyamoto, 1995, p. 170).

De acordo com a vontade nacional ou também do grupo hegemônico, o Estado pode expandir-se, absorver outros territórios à procura de um espaço maior para assegurar sua sobrevivência e o caráter nacional. Em razão disso, torna-se fundamental dilatar as fronteiras.

Na mesma linha de pensamento, Miyamoto (1995, p. 70) "mostra que se for sob esse prisma a fronteira é dinâmica, e pode, [sic] ser considerada como um organismo biológico, ou seja, um órgão periférico do Estado. Já os limites são elementos vivos que se contraem ou se distendem, portanto ampliam ou diminuem fisicamente a área do território".

Neste ponto do texto, você pode estar se questionando se existe uma única forma de aumentar o território. Sobre isso, podemos afirmar que o aumento do território pode ocorrer de forma pacífica ou também por meio de atividades bélicas. A forma pacífica ocorre por meio de negociações diplomáticas, quando houver discordâncias sobre os domínios entre dois ou mais Estados. Já o aumento do território, por meio de atividades bélicas, geralmente ocorre em áreas de focos de tensão provocados, principalmente, por disputas territoriais por zona de fronteira.

Além disso, cabe apontarmos que não existe somente um único critério para estabelecer os limites e as fronteiras, mas muitas classificações e formas de especificar suas funções, a saber:

1. **Lord Curzon** – três tipos de fronteiras: geométrica, astronômica e a de referência.[8]
2. **Brunhes e Vallaux** – três tipos de fronteiras: esboçadas, de tensão ou vivas, e as mortas.
3. **Ancel** – três formas: os Estados amorfos, as fronteiras plásticas e as movediças ou instáveis.

Mas, por ser um país com mais de 15 mil quilômetros de fronteiras terrestres, além de uma imensa costa marítima, como tudo isso foi gestado no Brasil? O pensamento sobre a geopolítica dos transportes não foi preocupação somente dos governantes, como os ex-diplomatas Macedo Soares (1939) e Álvaro Teixeira Soares (1973), mas de muitos geopolíticos e estudiosos da área, como

---

8. A fronteira de referência segue a uma distância conveniente um acidente geográfico representado nos mapas, que pode ser curso de rios ou cadeias de montanhas ou costas.

Renato de Mendonça (1956), Everardo Backheuser, Segadas Viana e Teixeira Soares.

Alguns autores e estudiosos da temática mostram que as bandeiras nos tempos coloniais foram de grande importância para a ocupação do território, por terem se lançado ao interior, com o intuito de procurar riquezas minerais e da caça predatória dos silvícolas, visando, sobretudo, a fins lucrativos. Porém, a ação das bandeiras também contribuiu para a ocupação e o povoamento das regiões, as quais, posteriormente, foram objeto de negociações diplomáticas entre os governos lusitano e hispânico.

O geopolítico Everardo Backheuser foi um dos teóricos que se debruçou sobre a teoria das fronteiras e discorreu longamente sobre o tema. Ao analisar a temática nacional, ele dividiu cronologicamente a história das fronteiras brasileiras em quatro fases:

» período colonial;
» período anárquico;
» período republicano;
» período atual.

O período colonial foi caracterizado pelo teórico por uma forte distensão da fronteira. A regularização corresponde ao período anárquico, já a fixação e a demarcação das linhas fronteiriças ocorreram no período republicano, e o período da vivificação das fronteiras, no período atual.

A geopolítica das fronteiras é preocupação dos teóricos e também objeto de atenção nas próprias Constituições, de maneira direta e indireta, de 1891, de 1934 e na de 1967, bem como em vários Decretos e em Emendas Constitucionais.

2.4.4 Divisão territorial

Uma das preocupações perenes dos governantes de Estados com grandes espaços territoriais sempre foi vê-los integrados. Dessa forma, o último item a ser apresentado refere-se à divisão territorial, sendo que as estradas podem ser consideradas um meio para que a integração se torne possível.

Destarte, não há como desvincular os quatro grandes temas da geopolítica brasileira, momento em que Miyamoto (1995) cita Brunhes e Vallaux (1921) para fazer uma analogia com um organismo vivo. Para estes últimos, a capital seria uma espécie de cabeça pensante do Estado, o tecido muscular seria representado pela fronteira, e os meios de comunicação equivaleriam ao sistema nervoso, transmitindo a vontade dos dirigentes da cabeça aos músculos.

Portanto, é fundamental que haja um equilíbrio entre os estados, o qual corrobora para amenizar as tendências regionalistas ou mesmo as tensões separatistas, proporcionando um desenvolvimento mais harmônico dos estados.

Regiões mais desenvolvidas, com concentração de indústrias e comércio, em detrimento de outras estagnadas, em nada contribuem para a integração nacional. Portanto, muitos geopolíticos têm se preocupado em analisar os desequilíbrios regionais, o que fica latente ao percebermos que existem estados com centenas de milhares de quilômetros pouco habitados ao lado de outros, pequenos, mas densamente povoados.

As discussões e as preocupações dos geopolíticos sobre como realizar a divisão do território não são recentes. Muitos são os problemas e as dificuldades para a divisão territorial, e o questionamento é justamente sobre qual a melhor forma de dividir o território – se é pelos acidentes geográficos naturais, pelos meridianos ou paralelos, ou simplesmente através das linhas geométricas.

Além disso, é importante destacarmos que não foram poucas as propostas de divisão do território nacional que receberam apoio dos geopolíticos que as defendiam. Entre eles, destaca-se a figura de Everardo Backheuser, Segadas Viana, Teixeira de Freitas, Lysias Rodrigues, entre outros. No entanto, muitas das sugestões apresentadas, em vez de contribuírem para a resolução dos problemas, acabavam favorecendo o regionalismo.

Para Miyamoto, Backheuser

> buscou mostrar tanto as vantagens quanto as desvantagens dos grandes espaços, frisando que as possibilidades de sucesso em um país que tenha vasta extensão territorial são bem maiores do que naqueles que se encontram limitados pelas fronteiras de outros Estados. Enfatizou ainda que um país pequeno, por mais que progrida, nunca poderá aspirar a ocupar uma posição de realce entre as grandes potências. (Miyamoto, 1995, p. 185)

Algumas ressalvas precisam ser pontuadas, conforme apresenta Backheuser (1926; 1933), que afirmava que de nada adianta um grande espaço se ele estiver mal distribuído ou se não houver aproveitamento racional de sua área ou ainda se for mal administrado.

No entanto, o teórico apresentou uma segunda divisão que ficou conhecida como o **princípio da equipotência**. Em linhas gerais, Backheuser procurou mostrar por meio desse princípio a conveniência de ser obedecido um conjunto de circunstâncias que serviria para manter o país unido em um regime federativo.

Outros dois teóricos também apresentaram propostas, que mais tarde foram analisadas como parcialmente frutíferas: Segadas Viana e Teixeira de Freitas. Portanto, todas as propostas apresentadas têm um elo, um fio condutor: estabelecer uma nova organização nacional. A divisão territorial fundamentada na geopolítica constitui, assim, nessa perspectiva, o meio para se viabilizar esse objeto, esquecendo o mais importante que é a própria história.

Síntese

O capítulo teve o objetivo de expor como a geografia política e a geopolítica foram gestadas no Brasil, além de explicar sua sistematização e sua afirmação. Assim, alguns teóricos brasileiros sofreram influência direta e indireta de escolas, teorias e pensadores como Friedrich Ratzel, Alfred Thayer Mahan, Halford Mackinder, Karl Haushofer e Nicholas Spykman. Além dessa influência, os acontecimentos históricos que vinham ocorrendo no mundo refletiam, concomitantemente, nos estudos e posicionamentos dos teóricos geopolíticos brasileiros.

A Escola Superior de Guerra foi um importante local de produção do pensamento geopolítico no Brasil, e seu principal objetivo foi traçar uma política de segurança nacional. Portanto, sua criação proporcionou a formação de geopolíticos, como Golbery do Couto e Silva.

Os meios de transporte, a mudança da capital federal, a geopolítica das fronteiras e a divisão territorial também são assuntos abordados neste capítulo, uma vez que são considerados por muitos teóricos como os "grandes temas" da geopolítica brasileira e estão interligados. Assim, quando pensamos em um deles, automaticamente o relacionamos de forma imediata aos outros.

Por exemplo: o problema da integração nacional e a ocupação dos espaços vazios, entre outros.

Indicações culturais

Documentário

BRASIL. Ministério da Defesa. **Calha Norte.** Disponível em: <http://calhanorte.defesa.gov.br/videos.html>. Acesso em: 29 jun. 2018.

O Programa Calha Norte tem duas vertentes, uma militar e outra civil, de atuação multidisciplinar, em áreas como desenvolvimento econômico, educação, saúde, saneamento, mobilidade urbana, entre outras. Acesse o link *e conheça 30 anos do projeto.*

Revista

REVISTA DE GEOPOLÍTICA. Disponível em: <http://www.revistageopolitica.com.br/index.php/revistageopolitica/issue/view/16>. Acesso em: 29 jun. 2018.

A Revista de Geopolítica *dispõe de grande diversidade de temas atualizados que auxiliarão em suas pesquisas.*

Atividades de autoavaliação

1. Um dos grandes temas da geopolítica brasileira foi a mudança da capital federal. Sobre isso, leia as afirmativas:
    I. O problema da transferência da capital já era debatido desde o período imperial, principalmente sobre como a construção da capital no interior iria provocar também a

abertura de estradas e a valorização de terras a serem utilizadas pela agricultura.

II. No caso brasileiro, as preocupações com a transferência da capital federal não foram representativas, ou seja, um pequeno grupo ligado à indústria e a políticos considerados conservadores defendiam a transferência da capital federal.

III. Grupos conservadores ligados à indústria e também políticos aconselhavam que a capital federal permanecesse no Rio de Janeiro, uma vez que as deliberações políticas sofreriam menos pressão popular.

IV. Brasília cumpriu a sua dupla finalidade, atendendo aos interesses dos grupos políticos conservadores e reacionários de colocar o governo longe do povo e das pressões populares.

São corretas apenas as alternativas:
a) I e II.
b) I e III.
c) II e III.
d) I, II e IV.

2. A geopolítica dos transportes foi um tema que mereceu atenção e preocupação na geopolítica brasileria. Sobre isso, leia as afirmativas a seguir:

I. Desde o império, com o objetivo de ocupar o espaço vazio através dos meios de transporte, foram elaborados vários planos. Cristiano Otoni, quando da inauguração da Estrada de Ferro D. Pedro II, no ano de 1858, já alertava as autoridades para a necessidade de elaborar um Plano Nacional de Viação.

II. Cristiano Otoni defendia a necessidade de elaborar um plano que possibilitasse ocupar todo o território nacional, não se detendo apenas às regiões mais densamente ocupadas, mas se estendendo tanto pelo lado da fronteira paraguaia quanto pela fronteira com a Guiana Francesa.

III. Travassos defendeu para o país a necessidade de uma pluralidade de transportes, baseada na conjugação de rodovia, ferrovia e via marítima, ao contrário da maior parte das propostas anteriores.

IV. O plano de André Rebouças fundamentava-se na aliança do sistema ferroviário com a navegação fluvial. Por isso, era uma concepção radicalmente oposta a todas as propostas apresentadas até então.

São corretas apenas as alternativas:

a) I e II.
b) II e IV.
c) III e IV.
d) I, II e III.

3. Observe com atenção a afirmação de Miyamoto (1995, p. 146):

> é esta uma das funções básicas que têm sido atribuídas aos meios de comunicação: possibilitar o escoamento econômico, facilitando o desenvolvimento do país. Outras funções podem igualmente ser-lhes atribuídas, como unir os diferentes pontos regionais, viabilizar a integração nacional e ocupar os espaços vazios. Adotou um critério mais preciso, estabelecendo a sua ordem de preferência. A mesma considerava que a escolha de um local para a capital constituía um problema político, enquanto os seus fundamentos é que eram geográficos, estabeleceu os critérios nos quais foi se apoiar para indicar o local: o sítio e a posição.

O texto expressa:
a) A primeira expedição para determinar a localização da nova capital.
b) O Retângulo ou Quadrilátero de Cruls, que foi chefiado por Luís Cruls.
c) A segunda expedição, que tinha como objetivo escolher o melhor local para a transferência da capital federal.
d) O Programa de Faixa de Fronteira da Amazônia Ocidental.

4. Para muitos teóricos, não existe somente um único critério para estabelecer os limites e as fronteiras. Existem muitas classificações e formas de especificar suas funções. Assim, para Brunhes e Vallaux, existem três tipos de fronteiras:
a) Geométrica, astronômica e a de referência.
b) Esboçadas, de tensão ou vivas, e as mortas.
c) Os Estados amorfos, as fronteiras plásticas e as movediças ou instáveis.
d) Astronômica, mortas e os Estados amorfos.

5. Com a criação da ESG no ano de 1949, ocorreu uma mudança do pensamento político brasileiro, estruturando-se em bases realísticas e científicas. Assim, a ESG passa a ser responsável por uma doutrina política essencialmente brasileira, e ao mesmo tempo fundamentada na dinâmica da aplicação do poder nacional.
Sobre a formação e atuação da Escola Superior de Guerra, analise as afirmativas:
I. De 1949 a 1964, a ESG teve influência maior nas decisões de governo. Dessa forma, quando veio o golpe militar de 1964, a doutrina da Escola Superior de Guerra passou por transformações significativas, principalmente no planejamento da Política Nacional de Segurança e Desenvolvimento.

II. Alguns geopolíticos, entre eles o presidente da República Castelo Branco, além de seus assessores, Golbery do Couto e Silva, Ernesto Geisel, Juarez Távora e Cordeiro de Farias, tinham em comum o fato de serem ex-militares, participantes ativos na formulação da doutrina, justamente por terem pertencido ao quadro da ESG, assim, acabaram colocando em prática no governo tudo o que haviam formulado anteriormente no casarão do Forte de São João.

III. Primeiramente, a ESG foi idealizada com o propósito de habilitar militares para as funções de Alto Comando, e posteriormente também estendeu o seu âmbito a civis e militares e evoluiu para consolidar conhecimentos necessários ao exercício das funções de direção e ao planejamento da segurança nacional, que é considerada em seu significado mais amplo.

IV. Mesmo a ESG tendo nascido sob a égide da segurança, isso não significa que tenha descurado o problema do desenvolvimento. Porém, desde o início despontava o binômio *segurança e desenvolvimento*, que sempre orientou os trabalhos da ESG. A segurança está interligada ao desenvolvimento e, nesse sentido, foi-se processando a inflexão da doutrina.

São corretas apenas as alternativas:

a) I e II.
b) I e III.
c) II, III e IV.
d) I, II e III.

Atividades de aprendizagem

Questões para reflexão

1. Releia a seção "Mudança da Capital Federal" e analise o que se nota de diferente entre a Constituição de 1891 e a Constituição de 1934 em relação a esse deslocamento da capital brasileira.

2. O sistema viário é fundamental para o crescimento econômico do país. Essa é uma das funções básicas que tem sido atribuídas aos meios de comunicação: possibilitar o escoamento econômico, facilitando o desenvolvimento do país. Outras funções podem igualmente ser-lhes atribuídas, como unir os diferentes pontos regionais, viabilizar a integração nacional e ocupar os espaços vazios. Com base nisso, pesquise como se apresenta na contemporaneidade o sistema viário brasileiro e quais as principais alterações e diferenças regionais identificadas.

Atividades aplicadas: prática

1. Conforme você estudou neste capítulo, um dos grandes temas da geopolítica brasileira foi a divisão territorial. Ou seja, as discussões e as preocupações dos geopolíticos sobre como realizar a divisão do território não são recentes. Muitos são os problemas e as dificuldades para a divisão territorial, e o questionamento é justamente sobre qual a melhor forma de dividir o território – se é pelos acidentes geográficos naturais, pelos meridianos ou paralelos, ou simplesmente por meio das linhas geométricas.

Com base no que foi apresentado ao longo deste capítulo sobre a divisão territorial, pesquise em *sites* governamentais quais são as principais propostas de projetos de lei para a divisão territorial atualmente. Então, faça uma síntese dos principais impactos econômicos, sociais, políticos e territoriais possíveis com a execução dessas propostas.

2. Com o surgimento da geopolítica, várias escolas e correntes de pensamento desenvolveram teorias distintas. Dessa forma, o Brasil também apoiou-se em decisões oriundas dos estudos geopolíticos, sendo vários os exemplos marcantes. Um deles, faz alusão ao Projeto Calha Norte, de ocupação militar da Região Norte do país.

   a) Pesquise em que momento da história brasileira o projeto Calha Norte foi gestado e o que isso representou para o Brasil.

   b) Indique que outros projetos podem ser citados oriundos de estudos geopolíticos no Brasil.

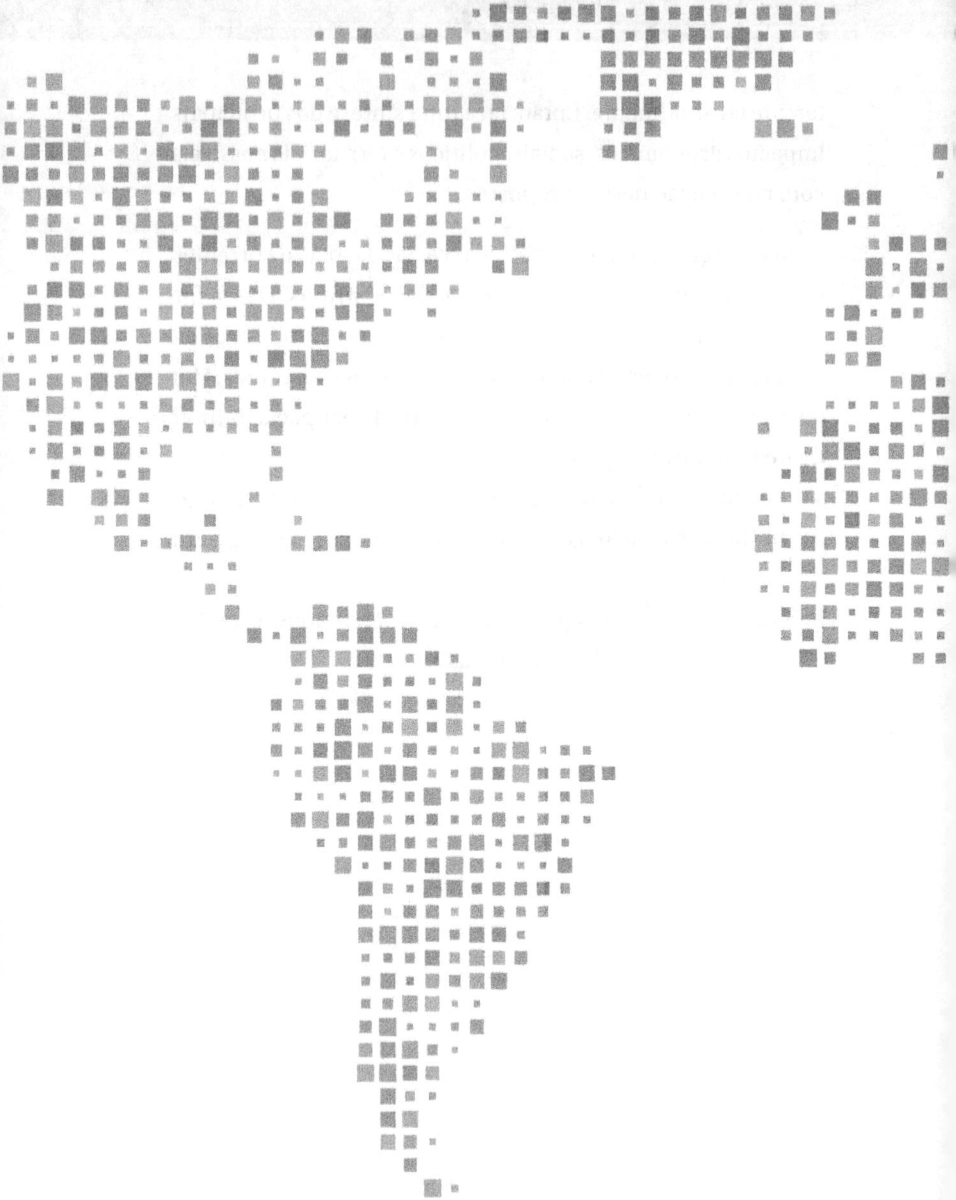

3 Geopolítica e a nova ordem mundial

Neste capítulo, que está dividido em três grandes temas, abordaremos a geopolítica e a nova ordem mundial. No primeiro tema, apresentaremos a **ordem internacional** e analisaremos o que seria essa ordem e quais os principais elementos necessários para o seu entendimento.

No segundo, apresentaremos a dinâmica da **crise do mundo bipolar** que dominou o mundo desde 1945 com o fim da Segunda Guerra Mundial, perpassando esse conflito e os caminhos gestados para a nova ordem mundial, à luz de alguns teóricos, buscando entender quais foram os traços mais importantes dessa nova ordem.

No último grande tema do capítulo, demonstraremos a **nova ordem mundial e o poderio militar** que sofreu alterações de diversas ordens. Com a tecnologia cada vez mais presente, começam a predominar as chamadas **armas inteligentes** e a guerra cibernética com o uso de ataques digitais.

3.1 Ordem internacional

Para muitos teóricos, como é o caso de Vesentini e Vlach (2012), desde os anos 1990, fala-se, publica-se, debate-se sobre uma nova ordem mundial. Mas o que significa essa nova ordem? Para o autor, trata-se de uma ordem geopolítica mundial que constitui uma correlação de forças no plano internacional, ou seja, o equilíbrio mundial de poder entre os Estados nacionais.

Alguns elementos são essenciais para entender a nova ordem mundial. Assim, em tese, cada um dos Estados é soberano, isto é, tem poder supremo sobre seu território nacional. No entanto, além disso, os Estados são completamente diferentes uns dos outros.

Enquanto alguns têm uma população enorme, como a China e a Índia, outros têm uma população minúscula.

Em relação à extensão territorial, países como Rússia, China e Canadá têm grandes concentrações de riquezas naturais (minérios, água, solos agricultáveis) em função dos vastos territórios. Contudo, há também países com situação oposta a essa, ou seja, seus territórios são extremamente pequenos e quase sem recursos.

Outro elemento essencial para compreender a nova ordem mundial é o elevado poderio militar de alguns países (o caso dos Estados Unidos, por exemplo), em detrimento de dezenas de outras economias e poderios militares extremamente frágeis (Vesentini; Vlach, 2012).

Gráfico 3.1 – Maiores gastos militares no mundo em 2010 (em bilhões de dólares)

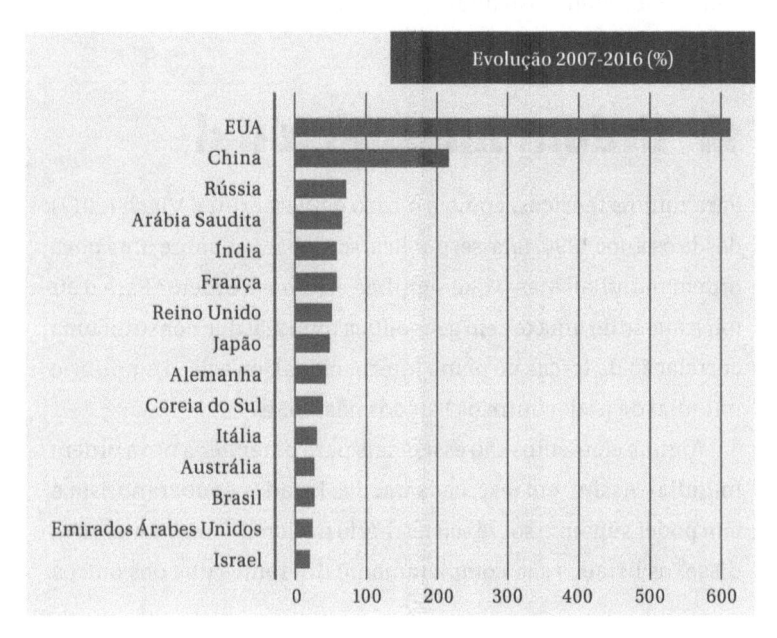

País	Evolução 2007-2016 (%)
EUA	
China	
Rússia	
Arábia Saudita	
Índia	
França	
Reino Unido	
Japão	
Alemanha	
Coreia do Sul	
Itália	
Austrália	
Brasil	
Emirados Árabes Unidos	
Israel	

Fonte: GASTOS..., 2017.

Assim, para o autor, a correlação de forças, ou a **nova ordem mundial**, é medida em função de uma hierarquia de Estados, com alguns considerados e tidos como extremamente poderosos – que podemos chamar de *grandes potências* – e outros tidos como frágeis, do ponto de vista econômico, militar e territorial, e, em alguns casos, até mesmo do ponto de vista populacional. Portanto, é precisamente essa hierarquia dos Estados, com alguns muito poderosos e outros extremamente frágeis, e o alinhamento dos Estados frágeis com alguns mais fortes que configura a **nova ordem mundial**.

Mas devemos nos questionar: Quanto tempo pode durar uma ordem mundial? Que elementos são necessários para que ela perdure? Que razões são necessárias para que sofra um desequilíbrio e, consequentemente, seja alterada uma ordem mundial?

Uma ordem mundial nunca é definitiva, mas sempre provisória, mesmo que dure um século ou mais, pois, com o decorrer do tempo, ocorrerão mudanças nessa correlação de forças em nível internacional, ocasionadas por vários fatores, como:

» economias que crescem mais que outras;
» maior modernização militar num país ou numa região do globo;
» mudanças tecnológicas que alteram o equilíbrio de poder;
» um novo alinhamento de países.

Nas palavras de Vesentini e Vlach (2012, p. 270): "Uma ordem geopolítica mundial, portanto, é essa situação, sempre provisória, de equilíbrio de poder em termos internacionais, no nível das relações econômicas, diplomáticas e militares, entre os países, os Estados nacionais".

Para que possamos entender a nova ordem, é fundamental a análise da ordem bipolar que existiu na segunda metade do século XX e a sua crise no fim dos anos 1980. Assim, para entender a atual ordem mundial – a chamada *nova ordem* –, temos que compreender a ordem bipolar que foi resultado da Segunda Guerra Mundial (1939-1945).

A ordem mundial multipolar estava posta antes mesmo das duas Grandes Guerras Mundiais, no início do século XX. Assim, sabemos que existiam várias grandes potências mundiais: Reino Unido, Alemanha, França, Itália, Áustria-Hungria, Japão, Estados Unidos e Rússia. Desse modo, podemos afirmar que os países disputavam a hegemonia internacional, ao mesmo tempo que existia também um equilíbrio entre eles, justamente porque nenhum deles era forte o bastante para impor-se aos demais.

Igualmente, na concepção de Vesentini e Vlach (2012, p. 271):

> Alguns países europeus possuíam muitas colônias na África e na Ásia, mas continuavam disputando terras nesses continentes. A própria Inglaterra (Reino Unido), que tinha sido a principal potência militar e econômica dos séculos XVIII e XIX, começou a enfraquecer desde o fim desse último século. Por sua vez, os Estados Unidos, a Rússia e a Alemanha cresciam economicamente e ameaçavam a hegemonia mundial da Inglaterra, que ainda tinha na França sua grande adversária no continente europeu. Além disso, o Japão continuava sua investida, iniciada no fim do século XIX, pela supremacia na Ásia.

Dessa forma, com o final da Segunda Guerra Mundial, em 1945, a ordem mundial multipolar até então existente desmoronou por completo, nascendo, de tal modo, uma nova conformação – então denominada **ordem bipolar**.

A Figura 3.1 apresenta os principais acontecimentos que ocorreram a partir da ordem mundial bipolar entre os anos 1945 e 1991.

Figura 3.1 - Principais acontecimentos que ocorreram a partir da ordem mundial bipolar entre os anos 1945 e 1991

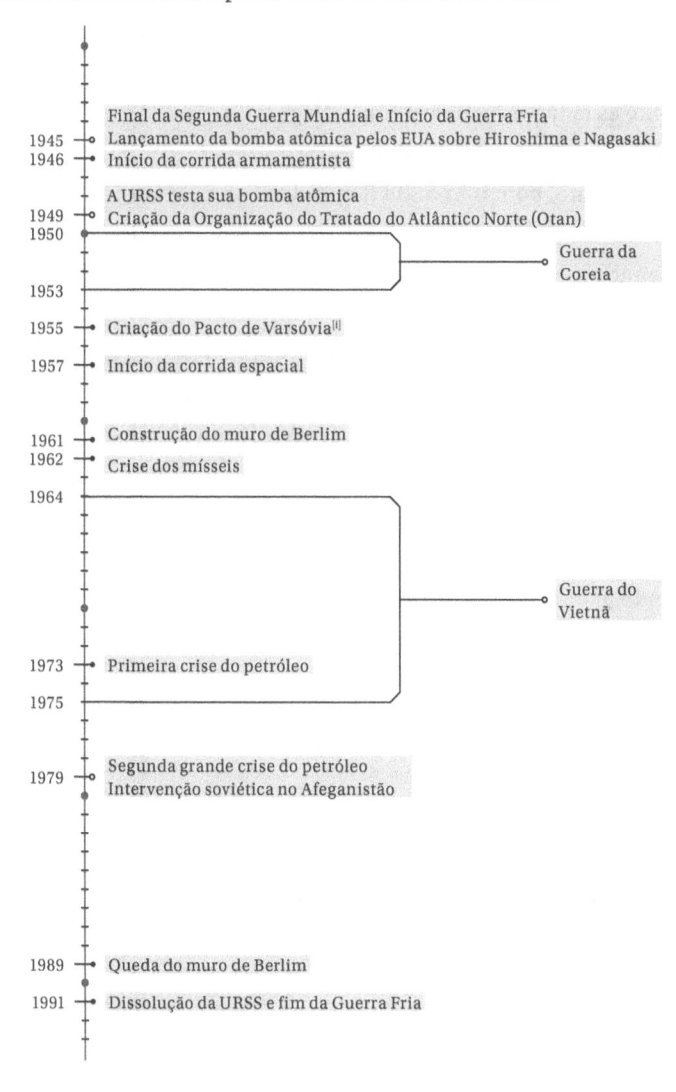

- 1945 — Final da Segunda Guerra Mundial e Início da Guerra Fria / Lançamento da bomba atômica pelos EUA sobre Hiroshima e Nagasaki
- 1946 — Início da corrida armamentista
- 1949 — A URSS testa sua bomba atômica
- 1950 — Criação da Organização do Tratado do Atlântico Norte (Otan)
- 1950–1953 — Guerra da Coreia
- 1955 — Criação do Pacto de Varsóvia[1]
- 1957 — Início da corrida espacial
- 1961 — Construção do muro de Berlim
- 1962 — Crise dos mísseis
- 1964–1975 — Guerra do Vietnã
- 1973 — Primeira crise do petróleo
- 1979 — Segunda grande crise do petróleo / Intervenção soviética no Afeganistão
- 1989 — Queda do muro de Berlim
- 1991 — Dissolução da URSS e fim da Guerra Fria

1. Em 1955, o bloco socialista liderado pela União Soviética, em resposta à criação da Otan, estabeleceu o Pacto de Varsóvia (Tratado de Assistência Mútua da Europa Oriental), uma aliança militar com objetivos semelhantes aos da Otan.

Muitos países europeus sofreram perdas de diversas ordens em razão da guerra, entre eles: Alemanha, França e Grã-Bretanha (Miyamoto, 1995). No entanto, o único país que sofreu as consequências e os efeitos da recém-inventada bomba atômica foi o Japão (sobre as cidades de Hiroshima e Nagasaki), em 1945, em ataque liderado pelos Estados Unidos.

Portanto, com o final da Segunda Guerra Mundial, saíram vencedores os Estados Unidos e a União Soviética. Dessa forma, o cenário geopolítico mundial já não é o mesmo do início e do final da Segunda Guerra Mundial.

Esses dois países passaram, então, a competir pela hegemonia mundial, levando o mundo, a partir daquele momento, à bipolaridade ou ordem bipolar. Nesse período, houve inúmeras crises que transformaram o planeta em um barril de pólvora prestes a explodir dominado por duas grandes potências mundiais – ou superpotências. Cabe destacarmos que o termo *superpotência* foi criado justamente para se referir ao enorme poderio militar desses países. O Mapa 3.1 mostra o mundo dividido em dois blocos político-militares: o bloco ocidental ou capitalista, liderado pelos Estados Unidos, e o bloco comunista ou socialista, liderado pela União Soviética.

Mapa 3.1 – Bloco capitalista e socialista com o fim da Segunda Guerra Mundial

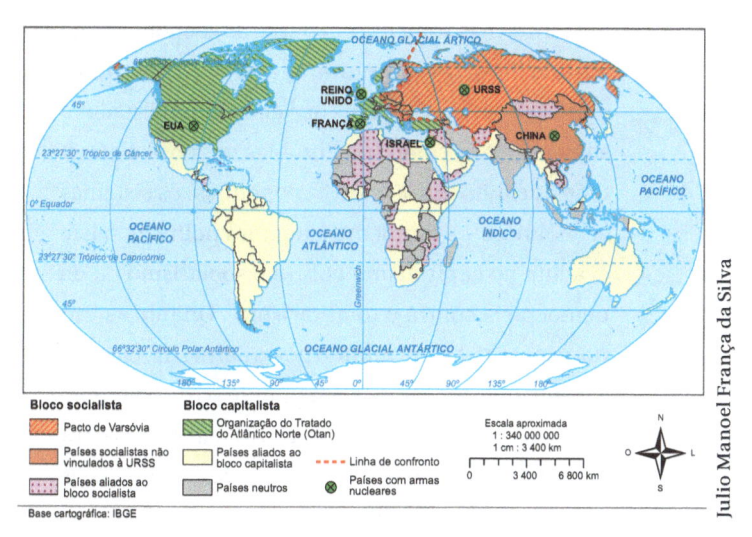

Fonte: Le Monde Diplomatique, 2009, p. 50.

Assim, tanto Estados Unidos da América quanto União Soviética, cada qual com a sua área de influência, passaram a exercer grande autoridade em todo o mundo, ocasionando tensões constantes entre os países e, consequentemente, contribuindo de forma significativa para o surgimento da Guerra Fria. Vesentini (2003, p. 88) expõe que "a Guerra Fria, sem nenhuma dúvida, foi o elemento mais importante da geopolítica planetária do mundo de 1945 até 1991". Não obstante, como citado no início do capítulo, uma ordem mundial nunca é definitiva, mas sempre provisória.

Na concepção de Vesentini (2003, p. 81):

> Em parte, mas somente em parte, as geopolíticas do mundo bipolar representaram visões de mundo e práticas político-espaciais que encaram os Estados e somente eles – como sujeitos. Mas um novo elemento foi incluído nessa leitura geopolítica: os sistemas econômicos – e também os regimes políticos –, isto é, a luta do capitalismo contra o socialismo ou da "democracia contra o totalitarismo". Quanto às "novas geopolíticas" do mundo pós-guerra fria, elas são extremamente plurais e em grande parte – embora existam exceções – já superaram a leitura geoestratégica: elas enfatizam mais as "guerras" econômicas, tecnológicas e até culturais e relativizam (mas não omitem) as guerras militares.

Porém, embora cada uma das superpotências buscasse usar argumentos para justificar suas atitudes, o que podemos concluir, todavia, é que nenhum dos dois países estava de fato preocupado com os povos em geral, suas aspirações ou mesmo suas necessidades. Eles, ao contrário, buscavam a hegemonia e a supremacia internacional, conclui Vesentini.

Enquanto, de um lado, a União das Repúblicas Socialistas Soviéticas (URSS) buscava implantar com uma economia planificada o socialismo em vários países, por outro, os Estados Unidos da América defendiam a expansão do sistema capitalista, com base na economia de mercado, sistema democrático e propriedade privada. Além disso, apresentavam-se como defensores da liberdade e da democracia e desenvolveram vários mecanismos de combate ao expansionismo comunista, apoiando as ditaduras em praticamente toda a América Latina entre as décadas de 1960 e 1970, dentre as quais os regimes militares da Argentina, do Chile e do próprio Brasil.

Portanto, tanto os Estados Unidos da América quanto a União das Repúblicas Socialistas Soviéticas fizeram grandes investimentos na chamada *indústria bélica*.

3.2 Crise do mundo bipolar e a nova ordem mundial

Não demorou muito para o mundo bipolar entrar em colapso, na década de 1980, mais especificamente entre 1989 e 1991. Isso nos leva a alguns questionamentos: Quais foram os reais motivos para tal acontecimento? De fato, estávamos naquele momento vivendo uma crise do mundo bipolar? Ou, como cita Vesentini (2003), estávamos vivendo uma nova ordem ou desordem? Conflitos entre "blocos" e/ou potências econômicas ou choques civilizacionais?

Assim, o mundo pós-Guerra Fria suscita polêmica e interpretações antagônicas. Não há mais um consenso tal como o que existia, na concepção de Vesentini (2003), na época da bipolaridade, em que se aceitava que o principal conflito mundial era ideológico, ou seja, o capitalismo *versus* socialismo, junto com a opção entre dois tipos de economia – planificada ou de mercado.

Hoje, notamos o predomínio da economia de mercado, que, para Vesentini, tem múltiplas e díspares tensões e ao mesmo tempo contradições no espaço mundial. Segundo o autor, não existe mais

> uma hierarquia dos conflitos e muito menos um que seja o hegemônico – tal como era a Guerra Fria no

período da bipolaridade –, apesar de alguns autores apostarem nesse ou naquele potencial: alguns, nos choques culturais; outros, nas disputas comerciais e/ou tecnológicas; outros, ainda, na oposição entre o nacional e o global (sendo este complementado pelo regional e/ou pelo local). (Vesentini, 2003, p. 90-91)

Na concepção desse autor, a bipolaridade teria sido a última ordenação geopolítica planetária moderna no sentido do progresso entendido como algo unívoco – o desenvolvimento das forças produtivas – e da oposição entre dois polos: ou seja, a luz e a escuridão, a esquerda e a direita, o socialismo e o capitalismo.

Dessa forma, fatores como a dissolução da União das Repúblicas Socialistas Soviéticas (URSS), a unificação alemã e também a derrubada das repúblicas socialistas na Europa Oriental foram determinantes para que os países ocidentais pudessem implementar suas políticas de contestação. Contudo, para os países do Bloco Ocidental, como os Estados Unidos no início da década de 1990, a derrota da URSS poderia, de certa forma, abrir espaço para ambientes de grandes prosperidades. No entanto, mesmo assim, o tão imaginado espaço para uma era de paz, desenvolvimento e estabilidade não ocorreu. Podemos afirmar que a soma de dois grandes fatores causou o colapso da bipolaridade. O **primeiro** refere-se ao esgotamento das economias planificadas – ou a crise do mundo socialista. E o **segundo fator** foi o surgimento de novos polos mundiais de poder, como a União Europeia, o Japão e, mais recentemente, a China.

Vários foram os motivos que contribuíram para que as **economias planificadas** (alicerces do socialismo) se esgotassem ou mesmo ingressassem em uma profunda crise nos anos 1980, como apresentam Vesentini e Vlach (2012):

1. Elas não conseguiram acompanhar a Terceira Revolução Industrial, iniciada em meados da década de 1970. Havia a necessidade e ao mesmo tempo a exigência de que as empresas fossem flexíveis, com rápidas tomadas de decisão e descentralização, o que não acontecia em economias centralizadas e burocratizadas. A lógica apresentada era de que a matriz ditava as regras para as filiais. No entendimento de Vesentini (2003, p. 91), "a nova ordem mundial resultou do avançar da revolução técnico-científica (ou Terceira Revolução Industrial)[2] e da globalização e, em especial, da rápida desagregação do 'mundo socialista', com a profunda crise na União Soviética e o seu final em 1991". Vale lembrarmos que o peso da Guerra Fria, a corrida armamentista e o apoio aos movimentos de libertação do Terceiro Mundo e a Guerra de Dez Anos no Afeganistão contribuíram decisivamente para o desgaste da economia soviética.
2. A planificação centralizada nunca foi muito eficiente, pois as determinações eram verticais (utilizando a máxima "de cima para baixo").
3. Como as empresas eram estatais, não havia concorrência entre elas e, consequentemente, havia falta de motivação para a inovação tecnológica.
4. Com a homogeneização salarial, visto que quase todos os trabalhadores ganhavam praticamente os mesmos valores salariais e moravam em residências semelhantes, não havia incentivos para subir na carreira ou mesmo aprimorar os conhecimentos.

---

2. Milton Santos, em sua obra *A natureza do espaço: técnica e tempo – razão e emoção*, de 1997, se utiliza da noção de Revolução técnico-científica informacional ou "Meio técnico-científico-informacional" para se referir à Terceira Revolução Industrial.

Todos esses fatores, entre outros, foram determinantes para que, nos anos 1980, inúmeras economias planificadas ou socialistas voltassem a adotar o capitalismo ou a economia de mercado.

Para alguns teóricos, entre eles Vesentini e Vlach (2012), o advento de novas potências econômicas no globo também foi um dos motivos para a crise da bipolaridade e o nascimento da nova ordem mundial.

Contudo, é importante destacarmos que tal ordem mundial suscita inúmeras controvérsias e não há uma unanimidade definida. Dessa forma, alguns teóricos (a maioria dos especialistas na área) a definem como multipolar, já outros como monopolar. Os geógrafos franceses, por exemplo, a definem como "unimultipolar", ou seja, a hegemonia militar e econômica ainda é incontestavelmente estadunidense, mas existe a forte emergência (ou ressurgimento) de novos polos regionais de poder nos diversos continentes. Para Vesentini (2003, p. 92),

> Aqueles que advogam a mono ou unipolaridade argumentam que existe uma única superpotência militar, os Estados Unidos, e que sua hegemonia planetária é incontestável após o final da União Soviética. E aqueles que defendem a ideia de uma multipolaridade não enfatizam tanto o poderio militar e sim o econômico, que consideram como o mais importante nos dias atuais.

Portanto, a nova ordem mundial apresenta também outros traços importantes: a globalização (que será trabalhada no Capítulo 4) e a Terceira Revolução Industrial, com o advento e a popularização de novas tecnologias (informática, robótica, telecomunicações, biotecnologia). Nesse caso, podemos afirmar que o mundo ficou mais integrado, com maior interdependência entre os países. Assim, cabe um questionamento: Como fica o poderio militar nessa nova ordem?

3.3 Nova ordem mundial e o poderio militar

Com a nova ordem mundial, o poderio militar não passou imune, mas sofreu e ainda sofre alterações de diversas ordens. Para alguns teóricos, entre eles Vesentini e Vlach (2012), nas útimas décadas, o poderio militar teve a sua importância diminuída (mas não anulada), sobretudo com a desagregação da URSS e o fim da Guerra Fria[3]. Duas outras formas de poder, o **econômico** e o **tecnológico**, é que passaram a ter importância.

> Mas uma grande potência mundial deve também ter boa capacidade de defesa e até de intervenção no exterior, pois sempre há o risco de invasões por parte de outros Estados. Muitas vezes, esses estados tentam resolver sua crise por meio da guerra, que sempre une o povo, inclusive as oposições, contra o inimigo comum, também existem os interesses econômicos (investimentos, fontes de combustíveis ou matérias primas essenciais, mercados compradores) a preservar no resto do mundo. Mas essa necessidade de certo poderio militar não significa que a grande

---

3. Com o término da Guerra Fria, a cartografia de poder ganhara novas feições, ameaças e fatores, entre os quiais se destacou o advento das variáveis *cultura, religião e crenças*. O "choque de civilizações" daria o tom de uma nova forma de ver o mundo e a geopolítica.

> potência mundial deva priorizar os gastos militares, e muito menos que deva desperdiçar recursos em armamentos nucleares. (Vesentini; Vlach, 2012, p. 277)

Portanto, geralmente uma potência inicia seu processo de hegemonia primeiro pelo poder econômico e posteriormente pelo militar, o que demonstra uma dependência entre os dois. Assim, a leitura que se faz, em geral, é de que quem dispõe de mais fábricas ou manufaturas, de mais recursos econômicos e de tecnologia acaba também formando forças armadas mais modernas e bem equipadas, concluem Vesentini e Vlach (2012). Para Ramonet (1999, p. 135), "o espetacular desenvolvimento das tecnologias da informação e da comunicação desencadeia, em escala planetária, um fenômeno de transformação civilizacional". O autor, em sua obra *El imperio de la vigilancia* (*O império da vigilância*), cita que, hoje, "os cidadãos do mundo somos vigiados e, portanto, controlados. A internet revolucionou totalmente os campos da informação e da vigilância, que agora é omnipresente e imaterial" (Ramonet, 2016).

O poderio militar vem se modernizando devido, entre outros fatores, à revolução técnico-científica, ou Terceira Revolução Industrial. Por conseguinte, começam a predominar as armas inteligentes, que ocupam o lugar que até então era o das bombas atômicas ou de hidrogênio, as armas químicas e biológicas. As armas inteligentes se tornam cada vez mais precisas.

Logo, "ao invés de exterminar milhões de pessoas de forma indiscriminada, esses armamentos 'inteligentes' procuram na medida do possível 'dobrar' o inimigo com a destruição de alvos estratégicos" (Vesentini; Vlach, 2012, p. 20).

A tecnologia também substitui a força bruta, reduzindo o número de profissionais/militares envolvidos que, contudo, devem ser cada vez mais qualificados, com elevada escolaridade, ocorrendo ainda um aumento no efetivo feminino, presente nas forças armadas.

Ao mesmo tempo que gera oportunidade de crescimento e desenvolvimento, o avanço tecnológico apresenta vulnerabilidades. Para Nunes (2015, p. 8), "a facilidade de acesso à informação e aos sistemas que a gerenciam trouxe, também, novos riscos relacionados à exposição virtual a que todos se submetem".

Não obstante, outras mudanças se apresentam, como a guerra virtual ou no ciberespaço, que se tornou essencial na guerra por causa da enorme importância militar dos computadores e de redes para a circulação de informações ou ordens, para ligar aviões aos navios ou bases locais de apoio, e estes aos centros estratégicos localizados no país de origem, conclui Vesentini (2003).

Vale lembrarmos, no entanto, a vulnerabilidade dos sistemas de energia, financeiro, administrativo e empresarial em razão da sua excessiva dependência de sistemas informatizados, o que os tornam suscetíveis a ataques cibernéticos, roubos de dados e informações e até a paralisação de suas atividades.

Para Nunes (2015, p. 9),

> a sociedade, que se torna cada vez mais dependente desse mundo *on-line*, passa a viver diuturnamente sob a ameaça de um ataque cibernético, que pode se dar com os mais diversos fins, como o roubo de dados ou a corrupção de sistemas, entre outros. O mundo passar a conviver com a possibilidade de hostilidades entre Estados no ciberespaço, ou seja, uma guerra cibernética. [...].

Segundo Jastram e Quintin a guerra cibernética é a concepção bélica de desenvolvimento mais revolucionário desde o aparecimento do armamento nuclear, indo muito além de outras novidades tecnológicas, como os veículos aéreos não tripulados (VANT) - comumente chamados de "drones".

Portanto, a informação atualmente é fundamental para o sucesso da guerra: basta lembrarmos dos satélites que detectam o deslocamento de tropas inimigas ou a localização de depósitos de armamentos. Assim, muito frequentemente essas informações circulam por redes de computadores, seja através de fios ou, o que é mais comum, de ondas ou espectros de satélites ou de rádios. Concluímos, dessa forma, que a tentativa de invadir as redes para descobrir segredos passou a ser conhecida como a **guerra cibernética**.

Para finalizar, é fundamental esclarecer que Vesentini (2003), em sua obra *Nova ordem, imperialismo e geopolítica global*, mostra que a nova ordem geopolítica mundial encerra um potencial de conflitos[4] mais variados e complexos - e também mais interdependentes e de alcance global - do que aqueles da bipolaridade.

Contudo, Vesentini ainda destaca que se, por um lado, isso soa negativo, a revolução técnico-científica acaba gerando e possibilitando outras e novas formas de guerras, e até de terrorismos, que podem, assim, se tornar incontroláveis e ao mesmo tempo permanentes. Porém, na concepção do teórico, é fundamental termos uma visão otimista, em que a Terceira Revolução Industrial, somada à globalização, poderá constituir uma sociedade mundial

---

4. E cria muitos outros, como Huntington explica em *O choque das civilizações e a recomposição da ordem mundial* (1996). Essa obra traz uma teoria proposta pelo cientista político norte-americano, um dos mais provocativos ensaios sobre o assunto.

que poderá, mais cedo ou mais tarde, construir determinados canais democráticos para deliberar e agir de comum acordo, com vistas a resolver ou minimizar os grandes problemas geopolíticos e talvez até econômico-sociais do espaço mundial.

Síntese

Este capítulo apresentou a chamada *nova ordem mundial*, que, ao contrário de ter se tornado obsoleta, na verdade, é uma realidade dinâmica em construção ou em permanente mudança no mundo. Além disso, buscamos mostrar brevemente o como e o porquê da crise do mundo bipolar que dominou o planeta com o final da Segunda Guerra Mundial, nascendo, consequentemente, uma nova ordem mundial e novos polos ou centros econômicos mundiais, com uma ordem "unimultipolar" – pois a hegemonia ainda era dos Estados Unidos.

No bojo dessa nova ordem foram apresentados alguns elementos determinantes, como o poderio militar, que sofreu alterações de diversas ordens e o qual, com a revolução técnico-científica, ou Terceira Revolução Industrial, tem se modernizado, por exemplo, com as armas químicas e biológicas.

Indicações culturais

Documentário

CAPITALISMO: uma história de amor. Direção: Michael Francis Moore. EUA: Dog Eat Dog Films, 2009. 127 min.

Michael Moore faz uma análise de como o modelo econômico capitalista acabou corrompendo os ideais de liberdade previstos na Constituição dos Estados Unidos. Em decorrência disso, fica explícito o lucro desenfreado e crescente de um pequeno grupo e em contrapartida a grande massa da população do país perde cada vez mais os seus direitos.

Livro

LACOSTE, Y. **A Geografia**: isso serve em primeiro lugar para fazer a guerra. Campinas: Papirus, 1988.

Entre as inúmeras indagações e respostas de que a geografia como ciência precisa dar conta está a complexidade das configurações do espaço geográfico. Segundo as categorias científicas, a geologia, a climatologia, a demografia e a economia abarcam fenômenos que podem ser isolados pelo pensamento, mas que, ao mesmo tempo, devido à própria complexidade, ordenam-se em grandes espaços geográficos. Assim, a obra de Lacoste traz, entre uma série de elementos, a desmistificação sobre a suposta "neutralidade" da Geografia, mostrando aos leitores as consequências que podem advir, para as populações atingidas, da "organização" de seu espaço. Lacoste, em sua obra, apresenta que os geógrafos não devem ser neutros, mas assumir uma posição e uma postura, uma posição de militância, contra o que denominam instrumentalização da geografia, tanto por parte da iniciativa pública, quanto pela iniciativa privada, bem como pelos Estados-maiores.

Atividades de autoavaliação

1. (Enade – 2008)

O colapso da União das Repúblicas Socialistas Soviéticas e da Iugoslávia e o caos praticamente total em países como Somália, Libéria, Serra Leoa e Afeganistão estão provocando a emergência de novas e preocupantes formas de violência. FONT, Joan Nogué e RUFI, Joan Vicent. Geopolítica, identidade e globalização. São Paulo: Annablume, 2006 (com adaptações).

Considerando as ideias do texto acima, julgue os seguintes itens.

I. Os processos separatistas representam o avanço das ideias nacionalistas apoiadas pelos princípios do capitalismo.
II. Tanto nos países desenvolvidos como nos emergentes, a violência foi incrementada como resultado da polarização social.
III. O lado obscuro da globalização pode ser observado no incremento da violência e do crime.

Assinale a opção correta.
a) Apenas um item está certo.
b) Apenas os itens I e II estão certos.
c) Apenas os itens I e III estão certos.
d) Apenas os itens II e III estão certos.

2. (UFSCar) A Terceira Revolução Industrial gerou mudanças profundas na configuração espacial do mundo, a qual o geógrafo Milton Santos denominou de meio técnico-científico-informacional. Sobre essas mudanças, são feitas quatro afirmações. Analise-as.

I. O avanço do sistema de comunicações e de informática permitiu uma organização do espaço geográfico através de redes, que ampliam os fluxos possíveis, mesmo sem a fixação concreta das atividades produtivas em muitos pontos do espaço.

II. Apesar da ciência, da técnica e da produção estarem irregularmente distribuídas no espaço geográfico, as inovações tecnológicas estão disponíveis para todos, visto que elas transitam em fluxos que circulam por todo o mundo.

III. Embora a ampliação das relações internacionais, entre países da economia capitalista, tenha se iniciado há alguns séculos, essas mudanças alteraram o ritmo das interações espaciais, aumentando as trocas de mercadorias e a difusão de hábitos de consumo.

IV. A organização do espaço, através de redes, permitiu uma distribuição multiterritorial das atividades produtivas, gerando maior equilíbrio entre nações ricas e pobres, na divisão internacional do trabalho.

Estão corretas as afirmações:
a) I, II, III e IV.
b) I, II e III, apenas.
c) II, III e IV, apenas.
d) I e III, apenas.

3. (Enade – 2008) Em 1994, Manuel Correa de Andrade escreveu acerca do processo de globalização: "o contexto da universalidade dos problemas e da mobilidade das transformações forçará o geógrafo a pensar com mais rapidez e dinamismo; a procurar adaptar e readaptar o seu pensamento e a sua reflexão cada vez que houver um desafio; a repensar a sua formação filosófica, epistemológica e ideológica e procurar atuar de forma menos corporativa, mais interdisciplinar."

Não corrobora com esse pensamento a ideia de que
a) a geografia não poderá realizar sua tarefa somente com descrições, mas terá de realizar um esforço de comparações

e de generalizações que lhe permita concluir a respeito da globalização.

b) a geografia manterá o status de ciência interdisciplinar caso adote, na análise ambiental, uma abordagem geossistêmica.

c) a geografia tanto da linha teórica dos naturalistas quanto dos funcionalistas precisará passar por uma intensa modernização, cujo objetivo é tornar-se organizada para interpretar a complexidade do espaço geográfico.

d) a geografia da racionalidade científica dominará o cenário das pesquisas, subvertendo a noção expressa pela relação homem-meio da geografia tradicional.

e) o estudo da geografia deverá optar pela compreensão da complexidade do espaço a fim de equilibrar dialeticamente a especialização com a generalidade.

4. (UFPR - 2007)

> A Grande Guerra Mundial de 1939 a 1945 estava umbilicalmente ligada à Grande Guerra de 1914-1918. [...] Estes dois conflitos constituíram nada menos que a Guerra dos Trinta Anos da crise geral do século XX. [...] A Grande Guerra de 1914, ou a fase primeira e protogênica dessa crise geral, foi uma consequência da remobilização contemporânea dos "anciens regimes" da Europa. Embora perdendo terreno para as forças do capitalismo industrial, as forças da antiga ordem ainda estavam suficientemente dispostas e poderosas para resistir e retardar o curso da história, se necessário recorrendo à violência. [...] Após 1918-1919 as forças da permanência se recobraram o suficiente

para agravar a crise geral da Europa, promover o fascismo e contribuir para a retomada da guerra total em 1939. (MAYER, Arno. *A força da tradição: a persistência do Antigo Regime*. São Paulo: Companhia das Letras, 1987, p. 13-14.)

Com base no texto e nos conhecimentos sobre o período, é correto afirmar:

a) No episódio da Primeira Grande Guerra Mundial, a identificação de elementos sociais oriundos do Antigo Regime destaca a importância da tensão constante entre o potencial para as transformações e a força das permanências na análise dos acontecimentos históricos.

b) A imobilização dos exércitos na chamada "guerra de trincheiras", característica da I Guerra Mundial, foi atribuída ao desequilíbrio econômico dos principais países envolvidos na disputa, já que a unificação tardia da Alemanha impossibilitou um desenvolvimento capaz de fazer frente ao poderio da Inglaterra e da França.

c) As organizações de militantes fascistas e nazistas, surgidas no contexto dos anos entreguerras, tinham por base uma concepção aristocrática de mundo herdada do *ancien régime*, caracterizando-se assim mais como forças da antiga ordem do que como resultado da modernidade capitalista.

d) A retomada da guerra total, em 1939, foi marcada por uma mudança radical no cenário econômico internacional, pois, ao contrário das disputas imperialistas que antecederam o conflito na Primeira Guerra Mundial, a Europa beneficiou-se amplamente da Grande Depressão que atingiu os Estados Unidos da América.

e) É fundamental reconhecer o fracasso do socialismo e da social-democracia a partir da emergência do nazi-fascismo, o que explica a inequívoca opção do movimento trabalhista internacional pelas forças partidárias da denominada antiga ordem, sobretudo nos anos que sucederam as duas Grandes Guerras Mundiais.

5. De acordo com Moreira (2016), o capitalismo alcança sua fase informacional-global com a revolução técnico-científica ou informacional, conhecida também como *Terceira Revolução Industrial*. Isso ocorre a partir dos anos de 1970 (tendo o Japão como ponto de partida e difusão) com a expansão de empresas multinacionais e diversas tecnologias no espaço mundial. A esse respeito, é correto afirmar:

   a) O início da revolução técnico-científico-informacional tem como característica o desenvolvimento de novas técnicas de produção de mercadorias e uma nova forma de divisão social do trabalho.

   b) A característica mais importante e fundamental dessa etapa do desenvolvimento capitalista é a sociedade do consumo de massa fordista, quando se mudam a natureza e o formato dos arranjos de espaço, diminuindo a desigualdade econômica e social entre as nações.

   c) É um período conhecido pela igualdade competitiva entre empresas de países pobres e ricos. Nessa fase do capitalismo, ocorre uma verdadeira "guerra" nas bolsas de valores e mercados futuros em diversos países do mundo, como também em outros setores econômicos.

   d) No capitalismo denominado *globalizado*, ocorre uma intensificação dos fluxos comerciais no espaço mundial de forma harmônica. O transporte das mercadorias é realizado por meio de navios, trens, caminhões e aviões, que circulam por modernas e intricadas redes que cobrem amplas extensões da superfície terrestre.

e) Nessa fase do capitalismo, os países tornam-se cada vez mais vulneráveis aos interesses dos grandes grupos econômicos e das grandes corporações internacionais, por estarem associadas características importantes do processo de globalização, tais como: crescente circulação de capitais, mercadorias, informações e pessoas, entre outras.

Atividades de aprendizagem

Questões para reflexão

1. "As autoridades nos dizem: 'Haverá menos privacidade e menos respeito pela vida particular, mas haverá mais segurança'. Mas em nome desse imperativo instala-se, de maneira furtiva, um regime de segurança que podemos classificar como 'sociedade de controle'. Em seu livro *Vigiar e punir*, o filósofo Michel Foucault explica como o 'Panótico' ('o olho que tudo vê') é um dispositivo arquitetônico que cria uma 'sensação de onisciência invisível' e permite que os guardas vigiem sem serem vistos dentro da prisão. Atualmente, o princípio do 'panótico' é aplicado a toda sociedade" (Ramonet, 2016).
Com base nesse texto de Ramonet, pesquise e descreva quais são as principais formas de controle social na contemporaneidade, no âmbito das relações internacionais.

2. Ignacio Ramonet, em sua obra *Geopolítica do caos*, mostra que o ritmo da revolução tecnológica é cada vez maior, alterando as atividades da população. Isso ocorre devido a informações cada vez mais rápidas e a uma desmaterialização vertiginosa

das atividades de cunho econômico (explosão dos mercados financeiros) e cultural (explosão de televisões, computadores, celulares cada vez mais modernos e com uma obsolescência planejada).

Com base em Ramonet, discorra sobre o modo como as incertezas diante de um mundo cada vez mais globalizado podem afetar a vida dos cidadãos.

Atividades aplicadas: prática

1. A multiplicação dos conflitos acentuou-se muito, tornando-se uma característica marcante da última década do século XX e início do século XXI, no espaço geográfico mundial, sendo que muitos dos confrontos foram herdados da Guerra Fria. Com base no que foi visto no capítulo, faça uma pesquisa sobre alguns conflitos que estão ocorrendo atualmente no mundo. Consulte jornais, revistas e internet.
   a) Descubra os povos ou países envolvidos em conflito.
   b) Verifique desde quando esses conflitos estão ocorrendo e por quê.
   c) Se possível, obtenha informações sobre os tipos de armamentos que estão sendo utilizados nos conflitos.

2. Sabemos que a guerra cibernética é considerada, hoje, a principal ameaça à segurança nacional. Com base nisso, pesquise e exponha em um texto como o Brasil está se protegendo contra a guerra cibertinética.

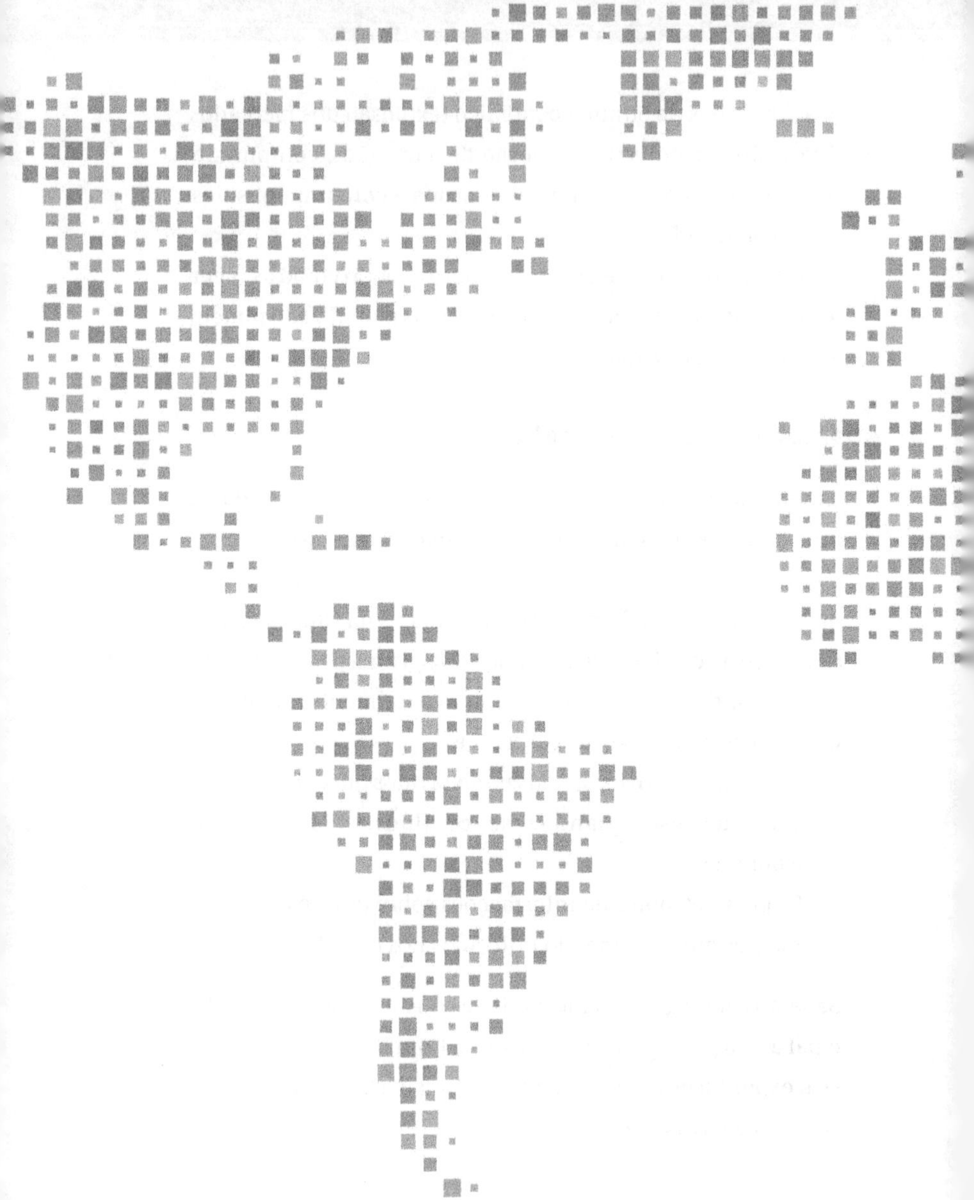

4
A geopolítica da Divisão Internacional do Trabalho

Neste capítulo apresentaremos a geopolítica e a Divisão Internacional do Trabalho (DIT) e seus impactos sobre as relações políticas e econômicas entre os diferentes países. Abordaremos também a forma como as grandes navegações e o período colonial influenciaram no desenvolvimento dos países e, consequentemente, no processo de industrialização e do capitalismo.

Além disso, trataremos sobre a ascensão dos Estados Unidos como nação capitalista hegemônica e sobre a importância da Guerra Fria na Divisão Internacional do Trabalho. Na parte final, veremos que, a partir dos anos 1990, surgiu uma nova geopolítica relacionada à divisão do trabalho e iniciou-se a busca dos países pela articulação de grandes blocos para a superação das crises econômicas cíclicas.

4.1 Da colonização à Divisão Internacional do Trabalho

O processo de Divisão Internacional do Trabalho teve seu início com as grandes navegações, que proporcionaram a criação das colônias como forma de exploração de suas riquezas naturais e o abastecimento de matérias-primas e insumos às metrópoles e ao mercado para os produtos metropolitanos. Com a expansão do comércio e o surgimento das manufaturas e do processo de industrialização, as colônias passaram a ter a função não apenas de oferecer os recursos naturais a suas matrizes, mas também de consumir bens produzidos por esse modelo.

De acordo com Sandroni (2007), a DIT é definida como o aprimoramento das nações por meio da especialização no processo de produção, com a implementação de inovações de métodos e processos avançados de tecnologia que garantem a produção de infraestruturas e bens de capital internos e em condições de fornecimento para outras nações. Essas inovações são características de nações que enriqueceram com esse processo de acumulação de capital.

Por outro lado, existem nações que não desenvolveram seus processos de produção na mesma proporção e continuaram e continuam como fornecedoras de insumos e matérias-primas para o mercado internacional, principalmente em virtude do tipo de colonização ao qual foram submetidas pelas grandes nações capitalistas, em um passado que deixou marcas de exploração, de submissão e de legislações que impediram o desenvolvimento de recursos tecnológicos.

Essa falta de recursos contribuiu para dificultar ainda mais a ampliação da divisão de tarefas e funções no processo produtivo, o que resultou em menor produtividade do trabalho, custos elevados e maior tempo de execução das tarefas e serviços. O Mapa 4.1 demonstra a ratificação da DIT. Os países nas cores mais escuras representam aqueles que foram submetidos a períodos de intensa colonização e exploração e não desenvolveram processo de produção avançado a ponto de competirem com os países nas cores mais claras.

Mapa 4.1 – Divisão Internacional do Trabalho (DIT)

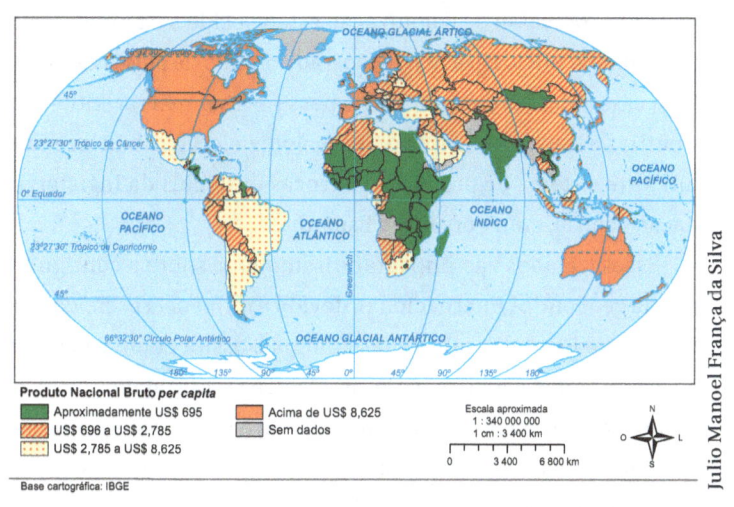

Produto Nacional Bruto *per capita*
- Aproximadamente US$ 695
- US$ 696 a US$ 2.785
- US$ 2.785 a US$ 8.625
- Acima de US$ 8.625
- Sem dados

Escala aproximada
1 : 340 000 000
1 cm : 3 400 km

Base cartográfica: IBGE

Julio Manoel França da Silva

Fonte: How Does Globalization..., 2018.

Para Harvey (2005), a DIT constituiu-se a partir do desenvolvimento do mercantilismo e, progressivamente, com a superação do modo de produção feudal, resultado do aumento da produção e dos lucros com a comercialização e do acúmulo de capital nas mãos dos comerciantes. Esses comerciantes passaram a deter o controle das infraestruturas nas quais se davam as produções de bens e serviços consumidos pela sociedade. Essa concentração de capital passou a se intensificar com a separação entre detentores dos meios de produção e aqueles que detinham apenas a sua força de trabalho para vender como mercadoria. Com a generalização das indústrias, a partir do século XIX, o capitalismo passou a despontar como um sistema econômico internacional que transforma as relações espaciais, econômicas e sociais.

No entendimento de Guimarães (2007), a DIT foi proporcionada pelo processo de colonização estabelecido a partir do século XV, dando início à periferização e ao domínio de países centrais. Para esse autor, as desigualdades passam a ser mais acentuadas a partir de tratados entre os países colonizadores, estabelecendo um forte sistema de proibições e trocas desiguais da Inglaterra, nação central, com Portugal e Espanha.

Esses tratados vão impactar diretamente sobre a configuração da geopolítica internacional, devido à influência exercida por Portugal e Espanha sobre suas colônias, assim como vão selar os destinos das colônias inglesas. Dentre esses tratados estão o Tratado de Méthuen (1703), assinado entre Inglaterra e Portugal, e o Tratado de Utrecht (1713), assinado entre Inglaterra e Espanha.

Com relação ao Tratado de Méthuen, Sandroni (2007) destaca que ele foi celebrado entre Inglaterra e Portugal, em 1703, e também ficou conhecido como *Tratado de Panos e Vinhos* revogado em 1842. Esse tratado proibiu que o território português, que incluía também suas colônias, dentre elas o Brasil, desenvolvessem indústrias que concorressem com as manufaturas inglesas, em troca do comprometimento da aquisição por parte da Inglaterra de vinhos produzidos por Portugal.

Elaborado pelo britânico John Méthuen, o tratado arruinou qualquer atividade industrial incipiente que pudesse existir em território português e deslocou os recursos monetários portugueses extraídos das minas gerais no Brasil para impulsionar a Revolução Industrial inglesa e acentuar a DIT durante os séculos XVIII e XIX.

Conforme Ferlini (2009), o Tratado de Utrecht – que recebeu esse nome porque foi assinado por diversas nações na cidade holandesa de Utrecht, em 1713 – pôs fim à Guerra de Sucessão Espanhola (1702-1714) e deu à Inglaterra o controle sobre diversos territórios da Espanha e de outras nações europeias, inclusive o domínio sobre portos e o fornecimento de escravos ao continente americano. Esse tratado mudou a configuração geográfica da DIT, colocando a Inglaterra como nação industrial hegemônica[1].

De acordo com Prebisch (1962), a DIT, após receber grande impulso no século XIX, continuou provocando forte impacto sobre as economias latino-americanas durante o século XX, determinando-as como parte de um sistema periférico, cuja vocação natural era fornecer alimentos e matérias-primas aos países industrializados centrais. Com base em um esquema doutrinário, não se abriam espaços para a industrialização e o desenvolvimento dos países periféricos, pois o objetivo era mantê-los como produtores de bens primários e consumidores dos bens industrializados pelos países desenvolvidos.

Para os membros da Comissão Econômica para a América Latina e o Caribe (Cepal), os argumentos dos países não passavam de ideologias dominantes para preservar os países periféricos, como Brasil, Argentina, Chile, e demais países latino-americanos como consumidores de bens finais de alto valor agregado produzidos pelos países centrais (EUA, Inglaterra, Japão, Alemanha e França).

Nesse sistema de trocas desiguais, os países latino-americanos forneceriam produtos de baixo valor agregado e baixa valorização no mercado, acentuando as disparidades entre o padrão de vida de suas populações e o daquelas que se beneficiavam do processo de acumulação de capital promovido pelo comércio das mercadorias de alto valor agregado, pela captação de poupança

---

1. Para Guimarães (2007, p. 29), "por Estado hegemônico se pode entender aquele Estado que, em função de sua extraordinária superioridade de poder econômico, político e militar em relação aos demais Estados, está em condições de organizar o sistema internacional, em seus diversos aspectos, de tal forma que seus interesses, de toda ordem, sejam assegurados e mantidos, se necessário pela força, sem que haja uma potência ou uma coalizão de potências que possa impedi-lo de agir".

e por aumento da produtividade. Com esses argumentos, os cepalinos defendiam a ideia de que a industrialização seria a saída para a melhoria da qualidade de vida das populações dos países periféricos. Argumentavam também que a teoria das vantagens comparativas contribuía para essa relação de trocas desiguais.

A teoria dos custos ou vantagens comparativas foi utilizada para reforçar a DIT, mantendo uma geopolítica de concentração de poder e de capital sob domínio dos Estados industrializados com setores altamente desenvolvidos. Essa teoria foi elaborada por um dos maiores economistas da chamada *escola clássica*, o inglês David Ricardo (1772-1823).

Ricardo (1996) afirma que um país pode se especializar na produção de determinados produtos para os quais possui maior dotação de fatores de produção, não precisando necessariamente produzir produtos para os quais não tem tal aptidão. Com essa especialização, países com determinadas condições de se especializar na produção de bens primários trocariam seus bens com países que se especializassem na produção de bens manufaturados. Dessa forma, os países cujos custos são elevados para produzir determinado produto importariam, mesmo havendo condições de produzir em seu território a tais custos, de outros países cujo custo de produção seja menor. De acordo com Sandroni (2007, p. 737), "essa lei constitui ainda hoje uma parte importante do comércio internacional".

De acordo com Guimarães (2007), existem nas regiões periféricas do sistema internacional do capitalismo grandes Estados sujeitos a todo tipo de dificuldades internas e externas, muitas vezes fragilizados pelas ações das nações mais poderosas, que tornam seus vínculos políticos e econômicos cada vez mais dependentes das decisões tomadas pelas nações que comandam a evolução desse sistema internacional.

Ainda de acordo com o autor anteriormente citado, são mais de 500 anos de periferização, que se aprofunda desde o período dos grandes descobrimentos marítimos dos séculos XV e XVI, com a liderança de Portugal, Espanha, Holanda e França, os quais acabaram perdendo espaços de poder em âmbito internacional para a Inglaterra, que, desde o início do século XVIII, vinha expandindo seus domínios ou controle direto.

A conquista da Índia em meados do século XIX pela Inglaterra proporcionou a esse país europeu a hegemonia mundial. Além disso, a Inglaterra foi responsabilizada por criar no território dominado um Estado indiano fruto de sua colonização, buscando superar resistências e conflitos às suas imposições dominantes com organizações e poderes locais, dos quais muitos tornaram-se aliados, apenas para manter privilégios historicamente existentes. Conforme Guimarães (2007, p. 23), "a Índia como Estado surgiu como instrumento de união das populações daquela região contra o domínio britânico, branco, herético, alienígena e explorador. Ainda assim, o fim do domínio britânico fez surgir dois Estados, Índia e Paquistão, do qual se desmembrou o de Bangladesh" – o antigo Paquistão Oriental.

As imposições da Inglaterra e demais potências capitalistas se estenderam mais sobre o continente asiático por meio da Guerra do Ópio (1860), na qual a China foi forçada a entregar seus portos para o comércio internacional. No continente africano, a África Subsaariana foi partilhada entre as grandes economias europeias, desprezando qualquer tipo de poder local. As potências europeias fragmentaram a região em diversos Estados, possibilitando a existência, conforme Guimarães (2007), de grandes países periféricos: Nigéria, Congo, Angola, Argélia, Sudão, Moçambique, entre outros. Alvos de diversos conflitos tribais e guerras civis, incentivadas por nações europeias e não europeias, esses Estados de grandes extensões territoriais não conseguiram atrair para si parques industriais e tecnológicos significativos, que seriam fundamentais na produção e proporcionariam avanços na produção e no papel desses países na DIT e na geopolítica mundial.

Mapa 4.2 – Descolonização da África e Ásia pós-1945

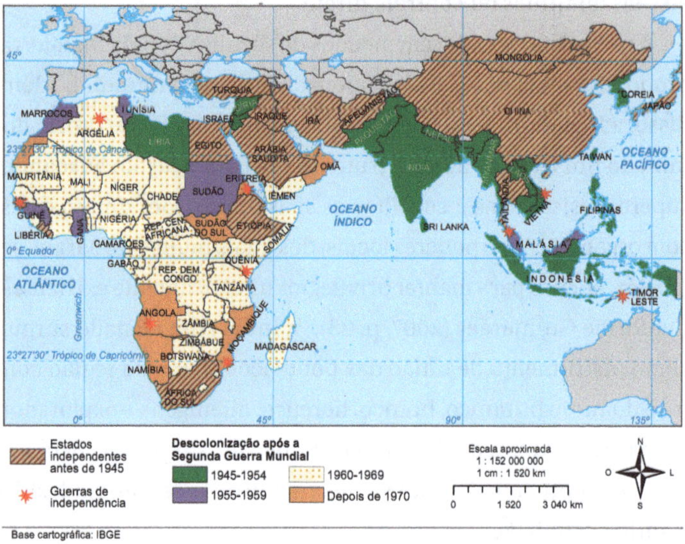

Julio Manoel França da Silva

Fonte: Vicentino; Dorigo, 2010, p. 51.

As reações ao domínio das nações europeias foram as mais variadas, mas a superioridade militar, econômica, tecnológica e científica fez prevalecer os interesses das nações industrializadas na maioria dos países em todos os continentes. Conforme Guimarães (2007), muitos dos países não europeus buscaram se espelhar nos modelos de desenvolvimento dessas potências para buscar uma posição melhor no *ranking* da DIT, tais como os seguintes países muçulmanos: Egito, Turquia e Irã. O Japão implementou uma transformação com base na importação de modelos europeus, em áreas como educação, produção e tecnologia, no final do século XIX, obtendo sucesso e transformando-se, a partir do início do século XX, em uma grande potência imperialista.

Na América Latina, a colonização se deu também por parte das potências europeias Espanha e Portugal, que dominavam os mares até o início do século XVI. Essa hegemonia foi perdida porque tais países não conseguiram manter o processo de relações mercantis internacionais imposto por Inglaterra e França e pelos tratados desvantajosos celebrados com essas potências. Mesmo tendo explorado por mais de dois séculos a madeira, o ouro e a prata extraídos da América Latina, Portugal e Espanha não conseguiram desenvolver parques industriais capazes de produzir os bens espoliados de suas colônias e atingir níveis de produção capazes de atender às demandas de suas populações e, por isso, viram suas divisas se esvaírem a partir de aquisições de produtos importados das nações industrializadas.

De acordo com Aquino (1997), com a expansão e exploração de suas colônias, a Inglaterra pôde aperfeiçoar ainda mais as suas manufaturas e se estabelecer como grande nação capitalista. Isso ocorreu por causa da evolução da indústria têxtil e da metalurgia com a descoberta do coque – que substituiu o carvão vegetal como combustível para aquecer as caldeiras e movimentar as máquinas a vapor – e da invenção do processo de pudlagem, que possibilitou a industrialização do ferro em larga escala. Para o autor, as facilidades de deixar a beira dos rios, que movimentavam as grandes rodas hidráulicas que faziam as máquinas funcionar, possibilitou às indústrias se instalarem mais próximas do mercado consumidor e da mão de obra ou até mesmo de suas matérias-primas. A Revolução Industrial proporcionou a exploração da mão de obra inglesa, o acúmulo de capital e gerou a necessidade de expandir ainda mais a dominação sobre os territórios do além-mar.

4.2 A Divisão Internacional do Trabalho a partir da Revolução Industrial

As transformações ocorridas com a Revolução Industrial concentraram o capital nas nações industrializadas, evidenciando uma Divisão Internacional do Trabalho (DIT) que alterou significativamente a geopolítica do poder internacional. A partir de então, a concentração de poder passou para as mãos dos ingleses, que, interessados em controlar a matéria-prima e novos mercados para os seus produtos, passaram a incentivar a independência em territórios espanhóis, portugueses e franceses em todo o mundo. No entanto, foi na principal colônia da Inglaterra no continente americano que teve início as reações contrárias às dominações dos Estados europeus.

O Segundo Congresso Continental, de 4 de julho de 1776, foi o marco da Proclamação da Independência das 13 colônias inglesas, que se constituíram nos Estados Unidos da América mais tarde, diante da corte real inglesa. De acordo com Rezende (2001), com a Declaração de Independência, os americanos rejeitaram as proibições inglesas de realização direta de comércio com a França e se posicionaram contrários às tributações daquele país, envolvendo-se em um conflito violento com os ingleses que duraria vários anos. Em 1781, os americanos, com apoio dos franceses, impuseram aos ingleses a derrota que ocorreu em Yorktown, na Virgínia. Para o autor anteriormente citado, a reafirmação da independência dos Estados Unidos só ocorreu após a "Guerra de 1812-14 com a Inglaterra – motivada pelos impedimentos que os ingleses faziam ao comércio com a França napoleônica e suas dependências" (Rezende, 2001, p. 156).

A queda da Bastilha na França, em 1789, foi outro marco importante de destruição dos antigos regimes monarquistas, sustentado em tradições que não resistiram aos anseios da burguesia capitalista. Após um conjunto de reações anteriores que transformaram a realidade do país, como a revolução popular, encampada nas cidades pelos *sans-culottes*, cujas reivindicações não lograram êxito, as Revoluções Camponesas contra a exploração dos domínios feudais e a Revolta Aristocrática, ocorreu a Revolução Francesa. No entendimento de Rezende (2001, p. 143), "a ideologia revolucionária foi burguesa, a direção do movimento revolucionário permaneceu sempre nas mãos da burguesia, o Estado criado atendia aos interesses econômicos da burguesia".

A Revolução Industrial (a partir da segunda metade do século XVIII), a independência dos Estados Unidos (1776), proclamada contra a exploração inglesa com o levante das 13 colônias americanas, e a Revolução Francesa (1789) contribuíram para a propagar os proclames iluministas de soberania e de cidadania e os ideais do liberalismo, que inflamaram as lutas por independência em ampla escala geográfica.

Na América Latina, as revoltas contra a exploração e pela independência das metrópoles europeias surgiram em diferentes lugares. As primeiras revoltas ocorreram entre 1810 e 1814, como as de Tupac-Amaru no Peru, de Juan Guerrero no México e de Francisco Miranda na Venezuela. Após derrotas e vitórias sucessivas contra a Coroa Espanhola, Simon Bolívar conseguiu a libertação do Equador, da Venezuela e da Colômbia. No Paraguai, conforme Aquino (1997), um movimento de libertação encabeçado por José Gaspar Francia organizou uma Junta Governativa e proclamou a independência do país. José de San Martín proclamou a independência Argentina no Congresso de Tucumán, em 1816. De acordo com o autor citado, em 1824 foi proclamada a

Constituição da República do México e, em 1828, com forte interferência dos ingleses, foi criada a República Oriental do Uruguai.

Em 7 de setembro de 1822, em meio à pressão pela sua volta a Lisboa, onde era votada uma Constituição que pregava a submissão do Brasil aos interesses de Portugal, e incomodado com a possível tomada de poder pela oligarquia local, caso deixasse o país rumo à Europa, Dom Pedro I declarou a independência do Brasil diante da Coroa Portuguesa. A Declaração de Independência desagradou os portugueses, porém agradou as elites conservadoras do país e os interesses britânicos, que ampliaram seus domínios sobre as exportações e importações do país.

De acordo com Aquino (1997), no século XIX, Inglaterra e França despontavam como grandes nações imperialistas europeias, enquanto as demais, Itália e Alemanha, dados seus processos de unificação tardios, vinham em segundo plano. Por outro lado, os Estados Unidos surgiam como uma potência industrial e imperialista não europeia, através da expansão de territórios como o Havaí (1859), da anexação das Filipinas (1898) e da proteção a Cuba (1898). A expansão norte-americana chocou-se com os interesses das nações europeias e do Japão, provocando conflitos interimperialistas que acabaram resultando na Primeira Grande Guerra Mundial.

4.3 A geopolítica da Divisão Internacional do Trabalho no início do século XX

Apesar de exercerem a supremacia econômica e política sobre todos os demais países, os países da Europa mergulhavam em uma crise de pobreza, desemprego, baixos salários e superprodução. Isso teve reflexos importantes, pois, na Divisão Internacional do Trabalho (DIT) do início do século XX, a Europa dominava a produção de bens e serviços e era a principal importadora de matéria-prima dos países em desenvolvimento. Além disso, conforme Aquino (1997, p. 237), a Europa "controlava a maior parcela da produção mundial, 62% das exportações de produtos fabris e mais de 80% dos investimentos de capitais no exterior, dominando e ditando preços".

Para Harvey (2005), as relações de mercado exigem que haja uma inovação constante do capitalismo nos países, que devem aumentar sua produtividade e capacidade de competir para superar a concorrência dos demais países capitalistas. Para superar a concorrência intercapitalista e a luta de classes, os detentores dos meios de produção, através de suas inovações, tanto tecnológicas quanto organizacionais, precisam manter suas vantagens sobre os demais concorrentes e, para isso, se apossam da demanda de mão de obra e mantêm sobre seu controle os trabalhadores através da criação de um exército industrial de reserva, induzido pela introdução de tecnologia na produção de bens e serviços. Para isso, necessitam ampliar suas fontes de matérias-primas e conquistar novos mercados. Essa busca envolveu todas as principais potências econômicas e políticas mundiais e o resultado foi catastrófico para os europeus.

As crises geradas após o fim da Primeira Guerra retiraram das classes médias europeias o emprego, o poder de compra e o acesso aos bens de consumo, fenômenos que geraram inflação e estabeleceram os marcos para uma Segunda Guerra Mundial. O Tratado de Versalhes, assinado em 1919, que colocou fim à Primeira Guerra Mundial, impôs severas punições aos países derrotados, fazendo-os arcarem com os custos do conflito, sanções impossíveis de serem cumpridas, o que ficou demonstrado nos anos posteriores a sua assinatura. Esses custos foram muito altos, pois, conforme Rezende (2001, p. 195), "a produção industrial europeia reduzira-se a 25 % do seu volume global. O custo da guerra foi equivalente a oito anos de crescimento econômico normal".

Os impactos gerados no pós-Primeira Guerra Mundial acentuaram as desigualdades entre os países, principalmente aqueles destruídos pela guerra, os países exportadores (aqueles que na DIT exportavam bens primários) e a grande potência capitalista, os Estados Unidos. Porém, nessa relação com a potência capitalista estavam as grandes corporações americanas que, ao final da guerra, continuaram produzindo em um ritmo jamais visto anteriormente, dados o incremento tecnológico e as inovações introduzidas no processo de produção e fundamentados nas teorias liberais de Adam Smith e de Jean-Baptiste Say de que "a oferta gera a sua própria demanda".

A Revolução Russa de 1917 e a criação da União das Repúblicas Socialistas Soviéticas (URSS) tornaram ainda mais difícil a recuperação do mundo capitalista, que viu um de seus maiores consumidores e fornecedor de bens primários se fechar para o mundo dos negócios e partir para um modelo econômico e político social voltado para a centralização do Estado. Através do controle dos meios de produção e da propriedade da terra, o Estado ainda mantinha sob o seu controle os bancos, as grandes corporações, o setor de transportes e comunicações e as transações comerciais com outros países. Com a URSS, surgiu o medo por parte dos países europeus capitalistas da proliferação da revolução socialista.

O fato de a URSS proclamar uma revolução socialista em âmbito mundial fez com que os países europeus alinhados na Liga das Nações impusessem ao país soviético um isolamento, que ficou conhecido como "política do Cordão Sanitário" (o cordão sanitário era para evitar a união entre Rússia e Alemanha). Além disso, essa revolução socialista provocou reações internas que levaram o país a uma guerra civil, com um levante militar liderado pelos chamados *Russos Brancos*. O Exército Branco, apoiado por forças militares de países como Inglaterra, Estados Unidos, Japão, Alemanha e França, estenderam o conflito contra o Exército Vermelho na Rússia, entre 1917 e 1921. Para Aquino (1997, p. 263), "a guerra civil europeia", que se prolongou por quatro anos, e a Revolução Russa de 1917, desferiram no sistema liberal e capitalista golpes de que este jamais se recobrou".

Enquanto os países europeus se alinhavam na Liga das Nações para manter a ilusão da paz, os Estados Unidos se mantinham distantes dos acordos e tratados realizados entre os países. Com o enfraquecimento da hegemonia da Inglaterra, os EUA se apresentavam como grande expoente sobre os países do continente latino-americano e ocupavam os espaços de comércio, finanças e militares deixados por Inglaterra e França, perfazendo uma nova hegemonia no contexto internacional da DIT. Favorecidas pelo momento histórico, as corporações americanas passaram a vivenciar um crescimento espetacular, beneficiadas pelo enfraquecimento de suas concorrentes europeias e do discurso de prosperidade durante quase toda a década de 1920.

De acordo com Sandroni (2007), após um período de crescimento e de um *boom* da economia, há sempre um esgotamento da demanda e excesso de oferta, ocasionando o que os economistas denominam de *recessão*. Esses períodos são explicados pelos estudos das modernas teorias econômicas. No entendimento do autor citado, foi o que aconteceu em 1929 com a quebra da Bolsa de Valores de Nova York. Os resultados desse esgotamento e desse *crash* espalharam-se rapidamente por toda a economia americana, depois pelo continente europeu e logo em seguida pela América Latina, África e Ásia, ganhando amplitude de uma crise econômica mundial. Ainda conforme Sandroni (2007, p. 382), quando "a crise atingiu proporções internacionais, o comércio mundial ficou reduzido a um terço, e o número de desempregados chegou a cerca de 30 milhões".

Na geopolítica da crise, os Estados passaram a cuidar mais de suas economias e de seus territórios, proporcionando combustíveis para o surgimento de regimes autoritários que buscaram ampliar as suas relações de mercado e disputar o controle de territórios que demonstrassem ter matérias-primas, fontes de energia ou minerais para serem transformadas em produtos manufaturados e, assim, atender à demanda interna ou externa.

O mundo voltou-se para uma economia autárquica, autossuficiente, pondo um fim ao sistema liberal clássico e reorganizando-se política e economicamente. Muitos países como Alemanha, Itália, Japão, Inglaterra e França foram levados ao que seria inevitável, a Segunda Guerra Mundial. Para Rezende (2001, p. 223).

a Segunda Guerra Mundial deve ser vista como a última tentativa de certos países da área central da economia mundial em recuperar suas economias pelo estabelecimento de relações imperialistas no estilo do século XIX, e estruturalmente, como a "solução definitiva" para tirar o sistema capitalista da Grande Depressão.

De acordo com Harvey (2005), a crise de 1929 foi marcada pelo esgotamento do processo de acumulação provocado pela economia liberal. Desse modo, os países buscaram alianças regionais para se protegerem e exportarem seus excedentes e também para superarem suas dificuldades, como o desemprego. A partir de 1933, enquanto os Estados Unidos mantinham a sua política de construção de um modelo econômico de intervenção do Estado na economia, através do Novo Acordo (*New Deal*), as demais potências econômicas capitalistas buscaram se estabelecer como verdadeiros impérios definindo proteções hostis ao seu modelo de capitalismo. A Grã-Bretanha estabeleceu sua Prioridade Relativa à Comunidade Britânica (Commonwealth *Preference*); o Japão buscou colônias na China Continental [Manchúria] e se fechou dentro de uma busca de prosperidade mútua; e o governo alemão definiu-se por uma política do Espaço Vital – *Lebensraum* (espaço vital no Leste Europeu e URSS), empregando todas as suas forças políticas, sociais e econômicas e até mesmo militares. Esse modelo implementado pelos países levou-os à derradeira transformação espacial, ocasionada pelo confronto bélico.

Mapa 4.3 – Espaço vital no Leste Europeu e URSS

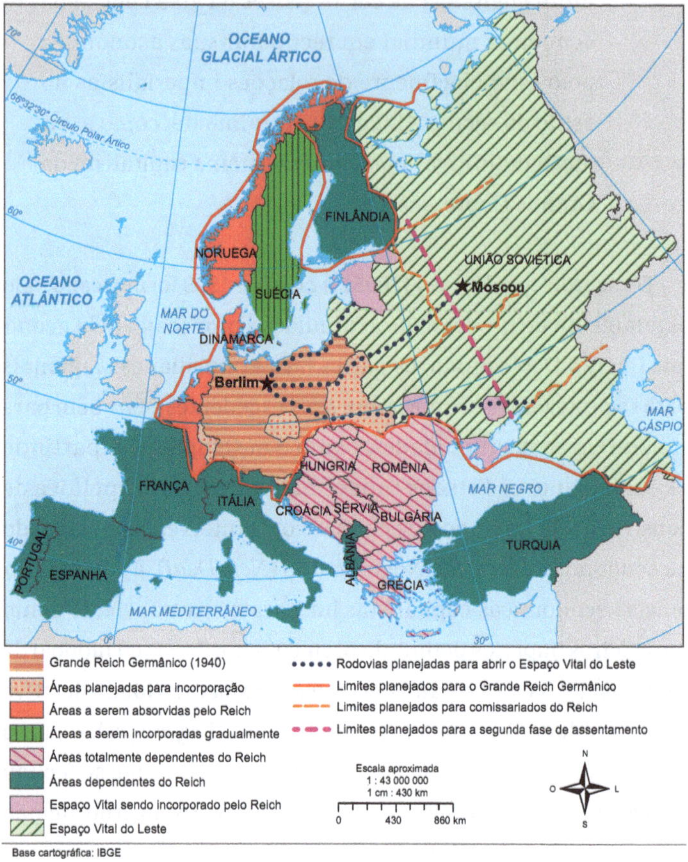

Julio Manoel França da Silva

Fonte: Dokumentation Obersalzberg, 2018.

De acordo com Saes e Saes (2013), durante o período da Segunda Guerra Mundial, os Estados Unidos conseguiram recuperar o nível de produtividade e qualidade de vida de sua população em relação aos anos anteriores à crise de 1929. Para os autores citados, uma das grandes preocupações dos estadunidenses era não perder todos os avanços proporcionados pelo conflito bélico. Para manter-se como nação capitalista hegemônica, antes do término do conflito, o país tomou a iniciativa de convocar, em 1944, a Conferência Monetária Internacional de Bretton Woods, no Estado de New Hampshire.

4.4 De Bretton Woods ao domínio geopolítico norte-americano

Para Costa (1990), a Conferência Monetária Internacional de Bretton Woods (1944), ocorrida em uma pequena cidade do interior dos Estados Unidos de mesmo nome, contou com a participação de representantes de 44 países e teve como objetivo um reordenamento da política monetária e financeira internacional. Esse reordenamento consistia na retomada do comércio internacional sob a batuta norte-americana e no controle da inflação ocorrida com a produção voltada para a Segunda Guerra Mundial.

Essa conferência representou uma mudança definitiva na geopolítica internacional e no contexto da DIT. Para Sandroni (2007), a Conferência Monetária de Bretton Woods representou um marco definitivo na hegemonia do capitalismo mundial. A Libra, moeda britânica, perdeu espaços nas transações internacionais para o Dólar americano. Além disso, foram criadas duas instituições com papéis fundamentais na reconstrução do capitalismo mundial sob o controle dos Estados Unidos: o Fundo Monetário Internacional (FMI) e o Banco Internacional de Reconstrução e Desenvolvimento (Bird, hoje denominado *Banco Mundial*).

O FMI e o Banco Mundial tiveram seus objetivos estrategicamente traçados pelos Estados Unidos para repor o capitalismo mundial de volta ao seu processo de acumulação de capital. O Banco Mundial teve como objetivo financiar e acompanhar a reconstrução dos países destruídos pela Guerra, por outro lado, ao FMI ficou a incumbência de controlar a oferta monetária, promover a estabilidade monetária e retomar o comércio em todo o planeta. De acordo com Costa (1990, p. 55), como "principais responsáveis pelo suprimento de fundos para as duas instituições, os Estados Unidos montaram um sistema de participação pelo qual conseguiram exercer a hegemonia do processo de decisão, ou seja, sem o aval americano nada poderia ser feito".

A Segunda Guerra Mundial tornou-se "um laboratório", principalmente, para o uso de novos equipamentos bélicos somados a demonstrações de poder entre as nações. Os investimentos foram de grande monta, no que diz respeito, sobretudo, a capitais e também à força humana com homens que naquele momento estavam desempregados e foram utilizados nos processos produtivos e nos *fronts* de batalha, gerando uma grande movimentação nas indústrias, fomentando o emprego e aquecendo as economias. No entendimento de Harvey (2001, p. 86), "foi exatamente a desigualdade geográfica dessa destruição que abriu novos espaços no período do pós-guerra para a absorção do capital excedente estadunidente, sob a égide daquele benevolente 'ajuste espacial' conhecido como Plano Marshall".

Ao findar a Segunda Guerra Mundial, os Estados Unidos se tornaram a maior potência capitalista do mundo. Além de contribuírem para a reconstrução dos países destruídos pela guerra e coordenarem esse processo, suas empresas forneceram os equipamentos necessários para a reconstrução internacional. Além disso, as nações passaram a ter os seus espaços econômicos e até mesmo políticos atravessados por interesses estranhos ao modelo que imperava anteriormente, pois houve disposição das instituições multilaterais e das empresas, que deslocaram parte de suas atividades produtivas para os países em reconstrução, países subdesenvolvidos ou em desenvolvimento, com objetivos diversos. Esses interesses traçados pelas empresas vão desde o lucro fácil com a reconstrução até o domínio das fontes de matérias-primas enquanto se estabelecem próximas de mercados emergentes. De acordo com Benakouche (1986, p. 23), "deslocando algumas de suas indústrias dos países de origem para os países subdesenvolvidos, as multinacionais criaram um espaço produtivo internacional, que transgride as fronteiras nacionais".

Com a reconstrução da Europa, encampada pelas instituições de Bretton Woods, lideradas pelos Estados Unidos, esse país tornou-se a nação hegemônica capitalista e foi transformado em banqueiro internacional, com exigências que foram desde o desmantelamento das políticas de proteção econômicas existentes nos países até o desmembramento de territórios e o fim da colonização em muitos deles, o que possibilitou o surgimento de novos Estados e uma nova reconfiguração da geopolítica mundial. Esse cenário foi determinante para impossibilitar o agrupamento de países em blocos que dificultassem a expansão geográfica do capital, liderados pelos Estados Unidos. Com base na pregação ideológica anticomunista, regime relacionado à União Soviética, o Banco Mundial, o FMI e os Estados Unidos forjaram novas alianças geopolíticas que tinham como objetivo impedir a expansão do bloco socialista e promover a internacionalização do capital.

Essa geopolítica implementada, com base em uma nova internacionalização da economia, reduziu as barreiras alfandegárias e limitou a proteção imposta por políticas governamentais, favorecendo o livre-comércio e acentuando ainda mais a DIT, redistribuindo os seus custos. Para Guimarães (2007), um país como o Brasil, como qualquer país periférico de grande extensão territorial e enorme contingente populacional, representa um atrativo para as multinacionais, pois dispõe de inúmeras fontes de recursos minerais, vegetais ou hídricos que constituem matérias-primas e insumos de grande importância para esses setores, além de oferecerem um mercado consumidor próspero.

Se, por um lado, esses países de grandes extensões territoriais têm atrativos para as grandes multinacionais capitalistas, por outro, podem, a partir de grandes investimentos e da exploração de seus recursos de forma adequada, tornarem-se países com dependência mínima de fatores exógenos e de insumos importados. Esse desenvolvimento se dá a partir de investimentos em tecnologia, em educação e capacitação de seus habitantes, e em sua estrutura básica, como no fornecimento de energia, no sistema de transportes para fazer escoar a produção de bens e serviços, assim como os insumos e matérias-primas. O grau de independência obtido pode dar ao Estado uma importância econômica, política e militar que lhe proporcionará um influente papel de liderança regional ou até mesmo em âmbito mundial. Essas características são importantes para distinguir um Estado periférico dos demais.

4.5 A Divisão Internacional do Trabalho na América Latina

Para Furtado (2000), houve um processo de industrialização e de substituição de importações por parte dos países da América Latina, para superar o atraso imposto a esses países desde o período de colonização. Para esse autor, esse processo não ocorreu de forma consciente de modo a romper com os esquemas tradicionais da

DIT. Esse entendimento só aconteceu depois de um longo período de integração progressiva dos mercados internacionais, mediante a exportação de produtos primários, forçando a redução dos custos dos produtos exportados pelos países latino-americanos. Países como o Brasil, por empregarem de forma mais intensiva uma grande quantidade de mão de obra e recursos naturais, não tiveram outra saída a não ser diversificar estruturas econômicas para se manterem no caminho de um desenvolvimento sustentado por um processo de substituição da dinâmica das importações.

Para Harvey (2005), há uma forte correlação entre a capacidade de inovação das grandes empresas capitalistas e sua necessidade de ampliação e transformação do espaço por parte do capitalismo, como a construção de ferrovias, os navios a vapor, as indústrias automobilísticas e aeroespacial, o sistema de telecomunicações etc. Dessa forma, o modelo industrial capitalista pode se deslocar, em uma velocidade nunca vista anteriormente, para diferentes lugares, controlando variados tipos de recursos, fontes de riquezas, mercados de trabalho, mercados de consumos e oportunidades de lucro, ampliando a divisão do trabalho e dominando os espaços geográficos, o que é impossível para as pequenas empresas.

Celso Furtado (1920-2004) e Raúl Prebisch (1901-1986) fizeram parte da Comissão Econômica para a América Latina e o Caribe (Cepal), um órgão criado pela Organização das Nações Unidas (ONU), em 1948, para estudar as condições regionais e propor alternativas para o desenvolvimento econômico latino-americano. Os primeiros estudos da Cepal foram de grande importância para fortalecer o argumento de que há uma divisão internacional desigual do trabalho, quando se trata de promover o desenvolvimento econômico.

Esses estudos apontaram que a principal causa do atraso no processo de desenvolvimento da América Latina era o fato de que a região é uma grande fornecedora de matérias-primas, de baixo valor agregado, que, em uma troca desigual com os países industrializados, acabava por favorecer ainda mais o processo de acumulação nos países centrais, empobrecendo os países periféricos. Para que a América Latina conseguisse superar sua condição de atraso, seria necessário a imediata industrialização e uma diversificação geral de sua estrutura produtiva, entre outras medidas. Essas sugestões passaram a ser implementadas pelos governantes latinos-americanos a partir da década de 1950, como forma de promover o crescimento econômico.

De acordo com Furtado (2000), o processo de crescimento econômico colocado em prática pelo Brasil no período do pós-Guerra ocorreu com base em um modelo de favorecimento das importações de bens de capital e com a imposição de barreiras à concorrência externa. Esse processo favoreceu a concentração de capital no setor industrial, tendo como forte incremento a expansão da oferta monetária, elevando o consumo interno e, consequentemente, os preços. Todo esse processo foi favorecido pela política cambial do governo, que, através da seletividade das importações, favoreceu "não somente em concentração, na mão do empresário industrial, de parte substancial do aumento de renda de que se beneficiava a economia, mas também em ampliação das oportunidades de inversões que se apresentavam a esse empresário" (Furtado, 2000, p. 234).

No entendimento de Oliveira (2013), esse processo de acumulação urbano industrial capitalista brasileiro ocorre com intensa tutela do Estado, que tem no controle da economia, da política e do sistema de legislação todo um aparato para garantir que grandes contingentes populacionais, migrantes da área rural, possam ser transformados em mão de obra barata, consumidores e exército industrial de reserva na cidade. Para isso, mantém os custos da produção agrícola reduzidos, muitas vezes com um mínimo ou nenhum acúmulo de capital, deixando às margens da legislação trabalhista do meio urbano-industrial os trabalhadores da área rural, que só após a Constituição de 1988 passaram a ter seus direitos comparados aos dos trabalhadores da cidade. Dessa forma, fica claro que a política governamental do período favoreceu o capitalismo urbano com grande sacrifício do setor agrícola do país.

A migração forçada que movimentou grandes contingentes populacionais do campo para a cidade buscou favorecer o processo de acumulação de capital nos países periféricos, movimentando grandes contingentes populacionais do campo para a cidade, nos países periféricos, promovendo a concentração de riqueza nas mãos dos comerciantes, em uma troca injusta da força de trabalho por uma porção de bem ou serviço e pelo mercado imobiliário, que converte a terra em propriedade, transformando-a em mercadoria, que se transforma em moeda e em riqueza. A conversão e a exploração da mão de obra, no entendimento de Harvey (2005, p. 134), "além da extração do produto excedente do campo para o benefício da cidade, facilitaram a concentração social e geográfica dos excedentes".

No capitalismo, o grande objetivo é comprar barato e vender caro, o que representa que os lucros obtidos com essas transações representam perdas de outros. Esse modelo de acumulação capitalista representou uma redistribuição do poder social por meio da troca desigual com a concentração de riqueza em grandes empresas capitalistas. Dessa forma, uma redistribuição da renda não é adequada para a circulação do capital. No entendimento de Harvey (2005), uma economia capitalista saudável é aquela em que os capitalistas alcançam os objetivos de lucros esperados. Para que isso aconteça, é necessário que o valor real seja adicionado ao valor da produção, o que representaria a exploração do trabalho, seja trabalho vivo, seja trabalho morto, a fonte de valor agregado real que no processo produtivo sustenta o processo de acumulação.

Para Guimarães (2007), além do processo de sujeição aos interesses das multinacionais e dos países centrais, onde se localizam suas matrizes, os grandes Estados apresentam fragilidades em suas legislações internas, seus vínculos políticos e econômicos. Essa fragilidade, conforme aponta Oliveira (2013), é ampliada pelas lutas entre as diferentes classes internas que travam intensas batalhas para abocanhar a maior parcela dos recursos movimentados pelo capitalismo internacional. Ao defenderem interesses próprios, essas classes não se preocupam com o futuro do país nem com os responsáveis pelo controle das fontes de riqueza e dos recursos naturais, desde que estejam à frente da condução desse processo e dos recursos financeiros obtidos.

De acordo com Harvey (2000), nem todas as mercadorias produzidas e comercializadas são estabelecidas pela mediação do lucro, favorecendo a circulação do capital, porém a base fundamental do capitalismo se sustenta através da criação de infraestruturas sociais e físicas que proporcionam a circulação do capital. Para o funcionamento do sistema de acumulação e de circulação do capital, existe todo um sistema de legalização, de financeirização, educacional e da administração pública, utilizado para favorecer e dar a base de sustentação para essa circulação, como os sistemas ambientais não naturais, urbanos e de transportes, que "precisarão ser desenvolvidos para sustentar a circulação do capital se for para reproduzir a vida cotidiana efetivamente" (Harvey, 2005, p. 130).

Conforme Guimarães (2007), um Estado periférico, como o Brasil, precisa lidar com as individualidades internas e superar suas vulnerabilidades externas, criando instâncias e instituições sólidas que sigam um regime de democracia que garanta a estabilidade política e supere os desafios impostos pelas estruturas internacionais hegemônicas. Além disso, é preciso deixar de atender aos interesses das grandes nações capitalistas. Caso contrário, o Brasil, como muitos dos países periféricos, estará sujeito a se manter "em situação de crescente inferioridade, por causa da acelerada concentração de poder econômico, político e militar. Com isso, sofrerão processos de estagnação econômica interna, de instabilidade política e de eventual fragmentação territorial" (Guimarães, 2007, p. 20).

4.6 A geopolítica após a Segunda Guerra Mundial e a Guerra Fria

Para Sandroni (2007) e Costa (1990), tanto a Doutrina Truman[2] como o Plano Marshall[3], deixaram mais claro a intenção norte-americana de se estabelecer enquanto nação hegemônica internacional. O Plano Marshall, executado entre 1948 e 1951, foi utilizado para promover a reconstrução da Europa destruída pela Segunda Guerra Mundial, por meio de subsídios financeiros dos Estados Unidos e a Doutrina Truman, estabelecida a partir de 1947, colocaram esse país como o grande protetor das nações capitalistas e do capitalismo.

---

2. Doutrina imposta pelo democrata Harry Truman, presidente estadunidense entre 1945 e 1952, que, em 12 de julho de 1947, através de um discurso no Congresso Nacional, declarou que os Estados Unidos iriam fornecer ajuda militar a qualquer país ameaçado pelo comunismo.

3. Programa de recuperação europeia lançado em 1947 pelo secretário de Estado estadunidense George C. Marshall.

O discurso de Truman e o Plano Marshall também serviram para acirrar a Guerra Fria. Se os americanos saíram fortalecidos após a Segunda Guerra Mundial colocando-se como nação capitalista hegemônica, por outro, a União Soviética saiu como a grande vitoriosa, já que seus exércitos impuseram diversas derrotas aos alemães e, em vários países europeus e pelo mundo afora, militantes socialistas e comunistas empunhavam armas para garantir a internacionalização do socialismo.

Para Guimarães (2007), a influência dos Estados Unidos sobre determinados países e da União Soviética sobre outros, que já existia durante os primeiros anos do século XX, persistiu durante todo o período da Guerra Fria, configurando uma nova realidade, na qual essas duas nações continuaram "exercendo predominância cêntrica, em diferentes patamares de hegemonia, sobre os integrantes de suas periferias, respectivamente 'o mundo livre' e o chamado 'socialismo real'" (Guimarães, 2007, p. 11).

As instituições de Bretton Woods, em parceria com o governo dos Estados Unidos, conforme Costa (1990), inundaram o mercado internacional com a emissão de dólares, favorecendo os bancos, o setor financeiro e as multinacionais norte-americanas e transformando a moeda em moeda universal. O financiamento da reconstrução da Europa e de diversas bases militares foi realizado com a emissão de dólares norte-americanos. Questiona-se, inclusive, o real lastro existente na moeda norte-americana durante esse período, tendo em vista que, em 1971, o Presidente Richard Nixon (1913-1994) anunciou o fim do padrão-ouro e a autoflutuação do dólar, contrariamente aos discursos dos monetaristas norte-americanos realizados na Conferência de Bretton Woods.

Após mais de 15 anos de impressões da moeda, países como Japão e França, já recuperados e concorrentes diretos dos Estados Unidos, denunciaram a falta de lastro em ouro da moeda norte-americana. Segundo Costa, ao perceber o problema, "o presidente francês à época, Charles de Gaulle (1890-1970), denunciou em 1968 os privilégios americanos e o sistema de Bretton Woods. Sua argumentação era a de que os Estados Unidos não possuíam mais lastro em ouro" (Costa, 1990, p. 56).

Após a recuperação dos países destruídos pela Segunda Guerra Mundial, constituiu-se uma nova divisão geopolítica internacional fundamentada em um modelo implementado pelos Estados Unidos no qual os Estados econômica e politicamente hegemônicos são favorecidos a se perpetuarem como tais, impondo suas vontades, desejos e objetivos aos demais, em uma relação constante em que não há direitos e deveres iguais, nem alianças desprovidas de interesses. Essa divisão se deu, conforme Guimarães (2007, p. 14), por meio de "um projeto hegemônico concebido, militarmente, em função de uma invulnerabilidade assegurada por devastadora capacidade de retaliação nuclear e, economicamente, em função de uma supercompetitividade americana a se exercer em um mundo sem entraves ao livre-comércio".

Na percepção de diversos autores, como Harvey (2015), Oliveira (2013), Rezende (2001), a geopolítica do período da Guerra Fria foi marcada por uma forte presença do Estado na economia. Esse período de autoritarismo, inclusive com a instalação de ditaduras militares, principalmente nos países em desenvolvimento ou emergentes, fez o capitalismo se distanciar em muito de suas origens liberais. A ideia de livre mercado foi deixada de lado para a instalação de um modelo de capitalismo abstrato, que favorece o processo de acumulação das grandes corporações do capital produtivo, imobiliário e financeiro, institucionalizando o capitalismo.

Essa institucionalização se deu também a partir da criação do General Agreement on Trade and Tariff (Gatt – Acordo Geral de Tarifas e Comércio), que objetivava a redução das barreiras comerciais, evitava a discriminação comercial entre os países e resolvia, através de arbitragens, os conflitos entre países com práticas inconsistentes ao jogo do livre mercado, como aumento de tarifas alfandegárias para favorecimento dos produtores internos.

De acordo com Sandroni (2007), uma assembleia do Gatt reuniu, em 1995, 96 países em Marrakesh, no Marrocos, em que foram definidas algumas alterações estatutárias e da nomenclatura para Organização Mundial do Comércio (OMC). Em 1999, a OMC entrou em funcionamento em substituição ao Gatt, que esgotou suas atividades, já que fora uma entidade criada e que permaneceu, durante anos, em caráter provisório. Ao contrário do Gatt, a OMC tem caráter permanente e é responsável pela atualização dos acordos internacionais e multilaterais. Ela se constituiu como foro no qual são apresentadas, debatidas e criadas soluções aos problemas decorrentes das relações de comércio de mercadorias e serviços entre os diferentes países.

4.7 A nova configuração geopolítica e os blocos econômicos

Entre as causas das alterações provocadas na geopolítica e na geoeconomia internacional estão as grandes crises do petróleo durante a década de 1970, principalmente as de 1973 e 1979. Essas tensões foram responsáveis por aumentar consideravelmente o preço do barril do petróleo e provocar uma grande crise energética no período. A Organização dos Países Exportadores de Petróleo (Opep), criada na década de 1960, passou a controlar a produção e a venda de petróleo em todo o mundo, contrapondo-se aos baixos preços impostos pelas grandes empresas petrolíferas, como a British Petroleum, a Royal Dutch Shell, a Standard Oil, a Chevron, entre outras, e passou a estabelecer as políticas do petróleo em âmbito mundial.

Com as guerras nos países árabes produtores de petróleo – primeiro, a Guerra dos Seis Dias (1967) e, seis anos depois, a Guerra do Yom Kippur (1973) –, os preços desse recurso dispararam em todo o mundo. No final da década de 1980, outra grande crise explodiu em virtude do conflito islâmico no Irã (1979), que agravou ainda mais a tensão econômica mundial. Essas crises atingiram em cheio a maioria dos países industrializados, que, a partir da década de 1980, observaram o aumento do desemprego, provocando ociosidade na capacidade produtiva e elevação nos níveis dos estoques que não saíam das prateleiras.

Esse cenário, combinado a surtos inflacionários e de estagflação, levou os países industrializados a anunciarem uma grande crise econômica que provocou a desvalorização tanto do capital quanto da força de trabalho, mas preservou as condições de descontrole do processo de superacumulação capitalista. Os impactos dessa instabilidade afetaram principalmente os países emergentes e do Leste Europeu, que viram ruir seus regimes de governo socialista. A queda do muro de Berlim e a desintegração da União Soviética deixaram os Estados Unidos como a única superpotência hegemônica mundial.

Assim, a geopolítica internacional passou a se configurar de outra forma. A partir da década de 1990, começam a surgir as grandes alianças entre países para evitar uma nova grande crise econômica na América, conforme conta Guimarães (2007). Liderado pelos Estados Unidos, foi criado o Tratado Norte-Americano de Livre-Comércio (North American Free Trade Association – Nafta), que, a partir de janeiro de 1994, incluiu também o México.

O acordo representou uma integração entre os três mercados da América do Norte, representando o maior mercado integrado do mundo, e, de certa forma, buscou fazer frente à Comunidade Econômica Europeia (CEE), que tem ampliado sua atuação econômica e política internacionalmente. Um dos grandes problemas do Nafta é o desnível econômico entre os seus três países-membros. Os Estados Unidos é o detentor da maior economia do mundo, e o México é o mais pobre dos países componentes do bloco.

O México foi incluído pela proximidade com os demais países do bloco e pela farta mão de obra barata. Além disso, o país é detentor de um grande mercado consumidor em crescimento e é produtor de petróleo. Desde sua integração ao acordo, o México vem tendo menos vantagens que os demais membros do bloco econômico, pois "o regime de livre-comércio entre um centro de altíssima competitividade e uma periferia de baixa competitividade existe sistematicamente em detrimento das províncias" (Guimarães, 2007, p. 14).

Guimarães (2007) também destaca que não bastou para os Estados Unidos o predomínio sobre o Nafta, pois seu objetivo ainda é ampliar o controle sobre o Mercosul, mas principalmente sobre o Brasil. Elaborado a partir de acordos bilaterais de comércio entre o Brasil e a Argentina em 1990, o Mercosul foi instituído através da assinatura do Tratado de Assunção (Paraguai), em 26 de março de 1991, reunindo os dois países, mais Paraguai e Uruguai. O bloco foi criado com a meta principal de estabelecer uma comunidade econômica entre os quatro países e introduzir outras nações, com a ideia de eliminar progressivamente as barreiras entre os seus membros e fixar tarifas e barreiras externas comuns para os demais países não componentes do bloco.

> O Mercosul representa o principal mercado do Uruguai e do Paraguai, cerca de 40% do argentino e quase 20% do brasileiro. Mais do que um mercado comum, o Mercosul é o principal instrumento para a promoção dos interesses internacionais de seus partícipes e exerce um imenso efeito multiplicador sobre a influência que cada um deles, inclusive o Brasil, poderia individualmente ter no sistema internacional. (Guimarães, 2007, p. 15)

Diante da importância econômica e política do Mercosul, os Estados Unidos buscaram implementar a Área de Livre-Comércio das Américas (Alca) para se manterem como uma das nações mais poderosas do mundo, através da instituição de um regime de mercado que assegurasse ao seu sistema oligopolista de produção de bens duráveis e de consumo a continuidade de sua rápida expansão geográfica. No entanto, as investidas norte-americanas não lograram êxito na América do Sul, uma vez que uma onda eleitora colocou no poder, nos principais países sul-americanos, governantes de centro-esquerda, sem pretensões de dar àquele país o controle comercial, político, monetário e financeiro da região.

Para Guimarães (2007), não é possível criar laços tão fortes entre os Estados que compõem o continente americano diante de uma relação tão desigual. Afinal, o predomínio da nação central diante das periféricas, dado a sua enorme superioridade competitiva em todos os setores, dispõe ainda de artifícios legais para a defesa de seus interesses, nos quais são menos competitivos, como o setor de siderurgia ou de cítricos. A argumentação para criar a Alca foi uma estratégia utilizada pelos Estados Unidos que não vingou. Primeiro, porque os países latino-americanos não estavam dispostos a abrir mão de suas moedas para estabelecer a moeda americana como moeda do futuro mercado internacional. Segundo, porque não tinham nenhuma pretensão em abrir mão do importante passo dado na construção do Mercosul, uma condição *sine qua non* para alcançar níveis internacionais de competitividade e, assim, se inserirem no difícil mercado globalizado.

A proposta norte-americana de uma área de livre-comércio pretendia forçar uma relação de mercado que fizesse frente ao Mercado Comum Europeu. Esse mercado teve início na Europa ainda na assinatura do Tratado de Roma por Alemanha, França, Holanda, Itália, Bélgica e Luxemburgo, em 1951. Esse bloco de países ficou conhecido como *Comunidade Europeia do Carvão e do Aço* (Ceca), o qual, depois, em 1957, por meio de um novo acordo, criou a Comunidade Econômica Europeia ou Mercado Comum Europeu.

O bloco recebeu a adesão de outros países europeus e passou a ter como objetivo a fusão de seus mercados nacionais em um único mercado, subordinando-se administrativamente à Comunidade Econômica Europeia. O objetivo era promover a livre circulação de mercadorias, capitais e mão de obra entre os países. No entanto, para chegar a esse mercado, foram necessárias reduções recíprocas de tarifas alfandegárias, uniformização de tributos, moeda comum aos países ou ajustes cambiais que aproximassem os valores monetários e cambiais dos países participantes, entre outras importantes medidas.

Com a inclusão de mais países no bloco econômico, atingindo um total de 12 países, em 7 de dezembro de 1992, foi assinado o Tratado de Maastricht, a partir do qual o bloco passou a denominar-se *União Europeia* (UE). Em 1995, a União Europeia consolidou-se como bloco econômico e passou a contar com 15 países (Alemanha, França, Espanha, Itália, Bélgica, Portugal, Grécia, Luxemburgo, Países Baixos, Reino Unido, Irlanda, Dinamarca, Áustria, Finlândia e Suécia). Houve também eliminação de barreiras à livre circulação de bens e serviços, capitais, mercadorias e pessoas, tornando o bloco uma potência que se impôs economicamente aos Estados Unidos e aos mercados asiáticos, com Japão e China como as maiores lideranças.

Com essa unificação, as grandes corporações europeias ampliaram os seus negócios, estabelecendo fusões com outras empresas dentro do bloco econômico, o que foi facilitado principalmente pela abertura de mercado e pela criação de uma moeda comum aos países integrantes, o Euro. Em 2009, entrou em vigência o Tratado de Lisboa, que contava com 28 Estados-membros na União Europeia, dos quais 9 países ainda não haviam adotado o Euro como moeda oficial: Bulgária, Croácia, Dinamarca, Hungria, Polônia, Romênia, Reino Unido, República Tcheca e Suécia.

Na geopolítica da DIT, a articulação entre os países em blocos econômicos tem sido uma forma de buscar superar os problemas econômicos enfrentados pelos países em relação às imposições das nações hegemônicas. Para se fortalecerem economicamente, Brasil, Rússia, Índia e China criaram um bloco denominado *Bric*. Em abril de 2010, foi adicionada a letra *s*, em referência à entrada da África do Sul (em inglês, South Africa). Dessa forma, o termo passou a ser Brics.

A princípio, o termo foi criado pelo economista Jim O'Neill, do grupo financeiro Goldman Sachs, para designar o agrupamento de países com interesses macroeconômicos comuns, e composto pelas iniciais de Brasil, Rússia, Índia e China, que são os países do chamado *grupo dos emergentes*, que são percebidos como boas alternativas de investimentos de médio e longo prazos e como polos de crescimento econômico. Embora o ritmo de crescimento econômico não seja o mesmo nos países que compõem o bloco, existe um reconhecimento internacional de que a tendência desses países é de se tornarem grandes protagonistas do sistema capitalista mundial com a expansão de seus mercados internos, a melhora de sua infraestrutura e de seus indicadores sociais. Em 2009, ocorreu a primeira reunião dos países do Brics instituindo o acrônimo como organismo de cooperação multilateral.

Um dos objetivos do Brics é aumentar a sua influência na ONU, principalmente no conselho de segurança da entidade, e buscar ampliar a sua presença na economia política global, através do argumento de descasos por parte da principal agência de empréstimos e financiamentos de Bretton Woods, o Banco Mundial.

Em julho de 2014, o bloco decidiu criar o Novo Banco de Desenvolvimento (NBD) do Brics (conforme Figura 4.1), com sede em Xangai, na China. O banco foi utilizado como agência de desenvolvimento para os países pertencentes ao bloco econômico e aos demais países ao sul da linha do equador que se alinhassem ao bloco econômico. O banco tinha como propósito se tornar influente na correlação de forças com as grandes nações ocidentais que dominam as ações do Banco Mundial.

Figura 4.1 - Países que compõem o Brics

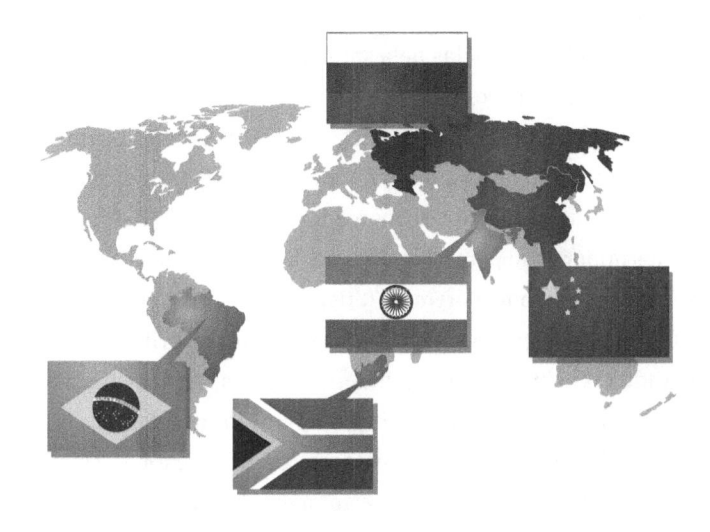

Yulia Terentyeva/Shutterstock

4.8 A nova Divisão Internacional do Trabalho

A Divisão Internacional do Trabalho (DIT) provoca rupturas sobre a estrutura de um território, tornando-o dependente da integração regional e limitando o domínio do Estado, o que força sua adaptação às imposições dessa integração, abalando as relações existentes internamente como Estado-nação. Na maioria das vezes, essa integração redefine a qualidade de vida dos trabalhadores, reduzindo conquistas historicamente alcançadas para favorecer os desejos dos capitalistas locais em conjunto com os interesses das multinacionais. Essas imposições também podem solapar a consciência cultural e regional, sob um discurso de que tudo é promovido para melhorar as mobilidades espaciais do capital e da força de trabalho.

As facilidades criadas pela sofisticação do mercado financeiro e das formas de comunicação tornaram cada vez menores os custos das transações monetárias entre os diferentes territórios. Nos últimos 150 anos, houve intensivas reduções nos custos e tempos para o translado de mercadorias, tornando o transporte menos importante para a localização de determinadas indústrias como foi no passado. Porém, as dificuldades para uma mobilidade geográfica da capacidade produtiva se ampliam, principalmente quando essas indústrias dependem de sua capacidade instalada, de capital fixo e imobilizado. Em comparação aos diferentes tipos de mobilidade criados pela dinâmica global do capital, essas indústrias estarão sempre em desvantagem. Nesse sentido, o papel pertinente ao Estado, nesse processo de divisão internacional do trabalho, é o de dar segurança e facilidade de circulação ao sistema monetário e financeiro através de suas instituições políticas, econômicas, jurídicas e sociais. Além de arcar com custos cada vez maiores e infraestruturas fixas e imobilizadas.

Diante de uma nova DIT, que se caracteriza por atividades de trocas entre as nações e pela interdependência crescente entre as economias nacionais, cujo desempenho é influenciado pelo rápido deslocamento da produção industrial em escala internacional, com uma multinacionalização das corporações e da internacionalização do capital, há uma transferência de algumas das atividades dos países centrais para os países periféricos. Essa realidade faz, conforme Harvey (2005, p. 56), "com que os espaços econômicos não mais coincidam com os espaços políticos. Isso porque as soberanias políticas foram ultrapassadas (nível geográfico) pelas soberanias econômicas".

Síntese

Embasados em diversos teóricos, buscamos, de forma sintetizada, descrever neste capítulo como ocorreu a Divisão Internacional do Trabalho e o que ela representou para a geopolítica, ou seja, seus impactos sobre as relações políticas e econômicas entre os diferentes países.

Ponderamos que tanto as grandes navegações quanto o período denominado *colonial* foram determinantes e influenciaram fortemente o desenvolvimento dos países e, consequentemente, o processo de industrialização e do capitalismo.

Além disso, abordamos a ascensão dos Estados Unidos como nação capitalista hegemônica e a importância da Guerra Fria na DIT. Para finalizar, evidenciamos os anos 1990 como o ponto em que surgiu uma nova geopolítica relacionada à DIT e se iniciou a busca dos países por se articularem em grandes blocos para superarem as crises econômicas cíclicas, como o Mercosul, a Comunidade Econômica Europeia (que, a partir de 1992, passou a ser denominada *União Europeia*), o Nafta e o Bric (que se tornou Brics com a adesão da África do Sul, em 2010).

Indicações culturais

Documentário

> WALLERSTEIN, I. **Programa Milênio**. Entrevista. Disponível em: <https://www.youtube.com/watch?v=8XeJICHkNW4>. Acesso em: 2 jun. 2018.

Immanuel Wallerstein, cientista político, compara o mundo com um doente em estado terminal. Essa analogia deve-se ao fato de que estamos em um momento crítico de esgotamento do processo de acumulação do capital e de que entramos em uma era caótica e de incertezas, uma vez que o sistema atual será forçosamente substituído por outro que não conhecemos ainda e, portanto, não sabemos se será melhor ou pior. Mas será, certamente, pós-americano. Acesse o documentário e verifique a entrevista com o teórico.

Livro

VESENTINI J. W. **Nova ordem, imperialismo e geopolítica global**. Campinas: Papirus, 2003.

Essa obra mostra as principais mudanças que ocorreram no mundo na década de 1980. Nela, o geógrafo faz uma análise da geopolítica mundial no início do século XXI, apresentando um diálogo com as teorias do imperialismo e mostrando as principais visões geopolíticas. Portanto, a obra é imprescindível para aqueles que buscam entender, com base em um diálogo crítico, a ideia do império americano, enfatizando as ONGs, a mídia e as redes terroristas como novos atores no plano global.

Atividades de autoavaliação

1. (UFC – CE) A partir de 1989, a América Latina incorpora o neoliberalismo. Este modelo, contestado por muitos grupos e movimentos sociais, caracterizou-se, neste continente, por:
   a) atenuar as diferenças sociais e a dependência em relação ao capital internacional, ofertando o pleno emprego.
   b) estimular o desenvolvimento do campo social e político e implementar uma sociedade mais justa e igualitária.
   c) diminuir o poder da iniciativa privada transnacional, mediante a intervenção do Estado a favor da burguesia nacional.

d) ter uma base econômica formada por empresas públicas que regularam a oferta e a demanda, assim como o mercado de trabalho.

e) instaurar um conjunto de ideias políticas e econômicas capitalistas que defendeu a diminuição da influência do Estado na economia.

2. (Mundo Educação) "A industrialização ampliou a divisão do trabalho dentro da unidade de produção (a fábrica) e no interior da sociedade de cada país. Ao mesmo tempo, estabeleceu a Divisão Internacional do Trabalho entre os países industriais e as regiões fornecedoras de produtos agrícolas e minerais". (Branco; Lucci; Mendonça, 2005, p. 56)

Assinale a alternativa que NÃO expressa uma característica da Divisão Internacional do Trabalho (DIT).

a) Os países desenvolvidos exportam produtos tecnológicos e os países subdesenvolvidos exportam matérias-primas.

b) A formação da Divisão Internacional do Trabalho está relacionada, principalmente, com os eventos ligados ao colonialismo.

c) Conferências internacionais são anualmente realizadas para se definir qual tipo de produto cada país produzirá no contexto do comércio internacional.

d) A Divisão Internacional do Trabalho envolve, entre outras questões, as relações desiguais entre o norte desenvolvido e o sul subdesenvolvido nos campos político e econômico.

3. Assinale qual dos fenômenos a seguir **não** representa uma consequência das atuais condições da Divisão Internacional do Trabalho:

a) Desconcentração das riquezas mundiais.

b) Descentralização industrial e produtiva.

c) Expansão das grandes corporações para todo o mundo.
d) Enfraquecimento das leis ambientais em países periféricos.

4. Leia o trecho a seguir.

> O capitalismo alcança sua fase informacional-global com a Revolução técnico-científica ou informacional, conhecida também como Terceira Revolução Industrial. Isso ocorre a partir dos anos de 1970 do século XX no pós-guerra (tendo o Japão como ponto de partida e difusão) com a expansão de empresas multinacionais e diversas tecnologias no espaço mundial. (Moreira, 2016, p. 28)

Sobre esse excerto é correto afirmar que:

a) esse período tem como característica o início do modo de produção capitalista, que consistia primordialmente no desenvolvimento de novas técnicas de produção de mercadorias, com uma nova tecnologia, e em uma nova forma de divisão social do trabalho.
b) a característica mais importante e fundamental dessa etapa do desenvolvimento capitalista é a sociedade do consumo de massa fordista em que se mudam a natureza e o formato dos arranjos de espaço, diminuindo a desigualdade econômica e social entre as nações.
c) trata de um período conhecido pela igualdade competitiva entre empresas de países pobres e ricos. Com o modelo econômico capitalista, existe em muitos países uma disputa tanto nas bolsas de valores e mercados futuros quanto em outros setores econômicos.

d) nessa fase do capitalismo, os países tornam-se cada vez mais vulneráveis aos interesses dos grandes grupos econômicos e das grandes corporações internacionais, por estarem associados a caraterísticas importantes do processo de globalização, tais como: crescente circulação de capitais, mercadorias, informações e pessoas, entre outros.

5. Analise os seguintes itens correspondentes ao capitalismo industrial:
   I. O trabalho tornou-se mercadoria, aquele que não detinha os meios de produção, nem capital, vendia a sua força de trabalho.
   II. Foi quando se desenvolveram os bancos, as corretoras de valores e grandes grupos empresariais.
   III. Nessa etapa, muitas das antigas colônias da América conseguiram sua independência.
   IV. É o período das grandes navegações ou dos descobrimentos, quando novas terras principalmente do continente americano ou novo mundo, passaram a fazer parte do mundo até então conhecido: o velho mundo.
   V. As regras das relações lançadas entre metrópoles e colônias foram estabelecidas pelo Pacto Colonial.

   Os itens correspondentes ao capitalismo industrial são:
   a) I e III, apenas.
   b) III e IV, apenas.
   c) I, II e V, apenas.
   d) II e IV, apenas.

Atividades de aprendizagem

Questões para reflexão

1. A obra *Teoria do Sistema-Mundo* (TSM), de Immanuel Wallerstein, estuda a formação do sistema-mundo e a divisão do mundo em três níveis hierárquicos – centro, periferia e semiperiferia. Com base nessa obra, faça uma análise de como na contemporaneidade sua teoria ainda se apresenta atual e quais são suas implicações.

2. O documentário *Capitalismo: uma história de amor*, de Michael Moore (2009), indicado no Capítulo 3, tem como âncora a crise americana de 2008. Apresente as raízes da crise financeira global e as fraudes políticas e econômicas que culminaram no que o diretor descreve como "o maior roubo da história dos EUA": a transferência de dinheiro dos contribuintes para instituições financeiras privadas.
Com base no conteúdo trabalhado neste capítulo, faça uma análise dos principais elementos geopolíticos presentes abordados no filme relacionado-os aos acontecimentos atuais nos Estados Unidos.

Atividade aplicada: prática

1. Quando se considera os países pertencentes aos Brics, é possível verificar inicialmente características que são recorrentes, embora se trate de países com trajetórias históricas muito diversas, com interesses aparentemente distintos, e estruturas produtivas diferenciadas.
Pesquise quais podem ter sido as características básicas que levaram essas economias a buscarem construir mecanismos conjuntos de atuação.

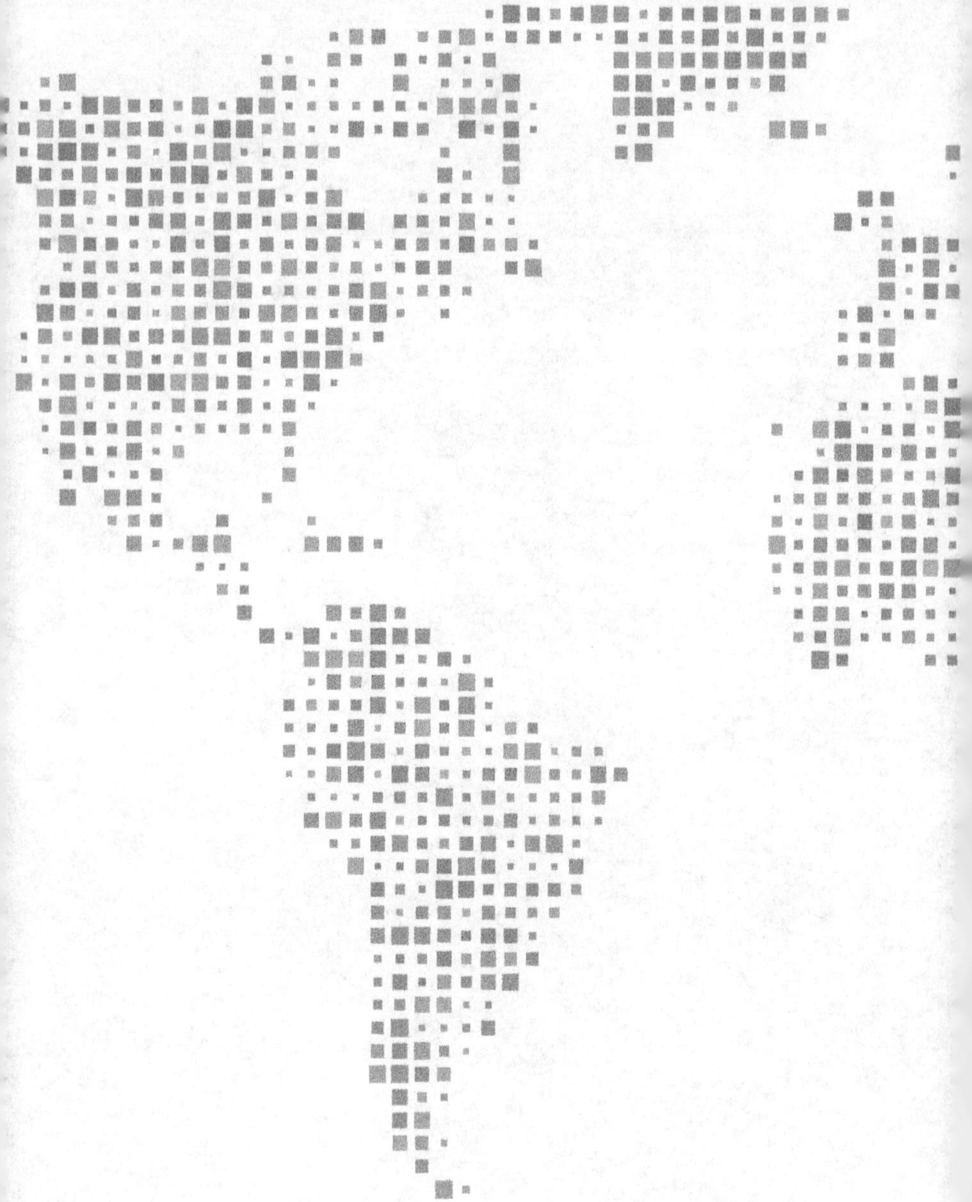

5
Temas contemporâneos

Nosso objetivo neste capítulo é apresentar alguns temas tidos como contemporâneos e que estão na ordem do dia, presentes neste início do século XXI. Contudo, por uma questão metodológica e também de recorte de pesquisa, tivemos de elencar alguns dentre os inúmeros temas da geopolítica atual. Isso não significa, no entanto, que os temas que porventura não estejam presentes na obra sejam irrelevantes.

Assim, apresentaremos, em um primeiro momento, a globalização na concepção de teóricos como Milton Santos, Doreen Massey, Manuel Castells e Ruy Moreira, que discorrem sobre o conceito, apresentando a dimensão econômica e a dimensão política, e seus principais antagonismos.

Além disso, abordaremos a nova ordem global e o que é geopolítica do caos na concepção de alguns teóricos, tendo como grande ícone Ignacio Ramonet. Para alguns teóricos a geopolítica do caos apresenta várias roupagens, como a degradação ambiental, a guerra e o terrorismo.

5.1 Globalização: a escala global?

Milton Santos, em sua obra *Por uma outra globalização: do pensamento único à consciência universal* (2006b), chama atenção para o fato de estarmos vivendo em um mundo confuso e erroneamente percebido. Assim, buscamos demonstrar se de fato a globalização pode ser considerada um problema, uma vez que se faz presente em qualquer dimensão, seja ela econômica, política, social ou cultural. Além disso, de tão difundido e repetido, não é de se estranhar que o conceito nem sempre seja claro pela dificuldade de se distinguirem os componentes econômicos dos processos políticos, sociais e culturais, como considera Castro (2013).

Dessa forma, para pensarmos as dimensões citadas, precisamos levar em consideração as escalas para cada um desses aspectos, ou seja, não podemos pensar o mundo isolado das muitas e diferentes partes do seu todo que configuram a sua real complexidade (Castro, 2013).

No entanto, devemos nos perguntar o que se entende quando usamos o vocábulo *globalização*. Existem atualmente no mundo acadêmico/científico inúmeras definições. Para Massey (2009, p. 126), "a 'globalização' é atualmente um dos termos mais frequentemente usados e mais poderosos em nossas imaginações geográficas e sociais". Para Santos (2000, p. 23-24), "a globalização é, de certa forma, o ápice do processo de internacionalização do mundo capitalista". Já Castro (2013) expõe a globalização como o processo que torna toda a extensão do planeta um espaço. Para a autora, o processo não é recente, tendo se intensificado/acelerado após a década de 1970 com os avanços tecnológicos aplicados à informática e às telecomunicações e a maior disponibilidade do seu uso nas muitas esferas da vida social. A autora ainda acrescenta que essa é a circunstância capaz de trazer questões novas para a geografia política, ou seja, os efeitos dessas mudanças sobre a política e o seu espaço.

Além disso, se formos buscar na literatura, muitos teóricos defendem que as maiores polêmicas sobre a globalização são relativas ao capital financeiro e às grandes corporações, e ao modo como ambos vêm utilizando a seu favor esses avanços, submetendo cada vez mais outras esferas da vida social.

O termo *globalização*, na concepção de Haesbaert e Limonad (2007), acabou se tornando uma palavra da moda, que inicialmente surgiu no âmbito do discurso jornalístico, contudo, com um teor economicista. A partir de então, ocorreu um processo de popularização do termo e do uso em diversas áreas do conhecimento e, entre elas, no campo da geografia. De acordo com os autores, podemos afirmar, nesse sentido, que a adoção do termo *globalização*, para indicar a disseminação em escala planetária de processos gerais concernentes às relações de trabalho, à difusão de informações e à uniformização cultural, foi o que mais proliferou.

Já na concepção de Souza (2012, p. 47), muitos são os significados que o termo *globalização* recebeu na contemporaneidade, os quais objetivam expressar um mundo sem fronteiras, ou seja, um mundo que possibilite, conforme apresenta o autor, uma economia global para os mercados internos já saturados, que tem entre seus objetivos aproximar as nações umas das outras. Esse cenário ainda faz parte da expansão do capitalismo no mundo. Porém, o vocábulo *globalização* assume outros papéis além daqueles voltados aos aspectos econômicos e políticos, mas assume a explosão de valores de um povo, englobando alterações no seu modo de ser, agir e pensar, em que se sobrepõem hábitos e costumes de países com melhores indicadores e que se destacam economicamente.

De acordo com o entendimento de autores e teóricos contemporâneos, a globalização ou mundialização se caracteriza pela ampla integração econômica, política, cultural entre as nações. Sobre isso, Chesnais (1996, citado por Jardim; Oliveira, 2009, p. 1) argumenta que a globalização, vista sob a ótica da análise socioeconômica, pode ser apresentada como a "expressão contemporânea da internacionalização do capital, com interconexões de mercados e de fluxos financeiros".

Segundo Harvey (2006), a origem da globalização está associada, sobretudo, ao fato de que, a partir dos anos 1950, passou a ocorrer a transnacionalização de empresas – migração de plantas de empresas industriais para países do então chamado *Terceiro Mundo*. Outro fator, apresentado pelo autor, refere-se ao enfraquecimento dos Estados nacionais em relação à universalização das políticas públicas (a questão do bem-estar social); além de mudanças no centro do capitalismo mundial. Já as análises social e política partem do emergente sistema cultural global, que possibilita interpretações sobre o atual desenvolvimento social e cultural, advindos do uso de novas tecnologias responsáveis pelo surgimento de novos processos societários. Entre essas análises, o estudo do desenvolvimento técnico científico-informacional fundamentado num sistema de satélites de informação, disseminador de padrões globais de consumo e de consumismo, vem gerando processos de aculturação e novos estilos de vida cosmopolitas, conclui Harvey (2006).

Para Costa (2007, p. 65), as teses

> que consideram que a globalização implica espaços homogêneos e um mundo "sem fronteiras" são as que supõem que as informações, conhecimentos e tecnologias são simples mercadorias, passíveis de serem "transferidas" sob a mediação dos mercados via mecanismos de preço. Assim, credita-se aos avanços nas tecnologias de informação e comunicação a possibilidade de realização conjunta e de coordenação de atividades de pesquisa e desenvolvimento por participantes localizados em diferentes países do mundo, permitindo tanto a integração das mesmas em escala mundial, como a difusão rápida e eficiente das tecnologias e conhecimentos gerados.

A globalização, profundamente integrada ao surgimento do "Estado neoliberal" desenvolvido teoricamente por Friedrich von Hayek (1899-1992) e por Milton Friedman (1912-2006) e aplicada primeiramente por Margaret Thatcher, Ronald Reagan e Helmut Kohl, promoveu em muitos países a abertura de mercados, a desregulação da economia e privatizações. Associados a tais medidas houve também uma revolução no modelo de tecnologia de informação e na expansão do comércio, bem como o aumento de fluxos de capitais e das redes de fornecedores globais, o que incidiu sobre a redução das disparidades de renda entre os países e ao mesmo tempo aumentou as desigualdades no interior desses países.

Como a globalização por meio do sistema neoliberal se expandiu rapidamente entre as nações, não foi diferente no Brasil, que também sofreu com suas causas e consequências, por exemplo, acirrando principalmente as desigualdades sociais e regionais. Assim, a implantação de um modelo de Estado neoliberal passou a ser efetivada a partir da década de 1990, quando se iniciou uma grande liberalização comercial, através da diminuição de tarifas. Consequentemente, houve o crescimento das exportações, especialmente de produtos básicos, e ainda o aumento das importações, visando incrementar o modelo de produção interno a fim de garantir significativas melhorias na produção destinada ao público interno.

Moreira, em sua obra *A geografia do espaço-mundo: conflitos e superações no espaço do capital* (2016), destaca que, desde que surgiu nos anos 1980, a teoria vem se indagando sobre a natureza do conceito. Assim, na concepção do teórico, a globalização apresenta dois lados. Um lado entende a globalização como uma forma de superação do fenômeno do imperialismo, diferindo dele seja como estrutura, seja como escala geográfica de abrangência. No entanto, também existe outro lado, que entende tratar-se de distinguir a fase do imperialismo clássico, formado por uma dominação mundial das grandes corporações empresariais e potências do Estado por meio da partilha territorial dos continentes, e a fase do imperialismo atual, supraterritorialmente organizado de forma econômica para além de um mundo dividido em centro e periferia, que é próprio do primeiro momento. Portanto, podemos afirmar que se travam consensos e dissensos de ambos os lados.

Para Santos (2006b), a globalização é o estágio supremo da internacionalização da economia. O processo de intercâmbio entre países, que marcou o desenvolvimento do capitalismo desde o período mercantil dos séculos XVII e XVIII, expandiu-se com a industrialização, ganhou novas bases com a grande indústria, nos fins do século XIX, e, agora, adquire mais intensidade, mais amplitude e novas feições. O mundo inteiro torna-se envolvido em todo tipo de troca: técnica, comercial, financeira e cultural.

Portanto, o que se globaliza é o espaço; contudo, ele não é considerado mundial como um todo, senão na forma de metáfora. Assim, todos os lugares podem ser considerados mundiais, mas ao mesmo tempo não há espaço mundial. Conclui-se que quem se globaliza, em primeiro lugar, são as pessoas e, posteriormente, os lugares. O que existe são temporalidades hegemônicas e temporalidades não hegemônicas, ou "hegemonizadas". As primeiras são o vetor da ação dos agentes hegemônicos da economia, da política e da cultura, da sociedade, enfim. Os outros agentes sociais, hegemonizados pelos primeiros, devem contentar-se com tempos mais lentos, define Santos (2006b).

O conceito de globalização tem sido utilizado em diversas áreas e pelos cientistas sociais, ao referirem-se a processos que estão intensificando as relações e a interdependência social global. Assim, a globalização pode ser caracterizada como um fenômeno social com vastas implicações econômicas, sociais, políticas, mas, sobretudo, culturais. Não deve, desse modo, ser entendida apenas como o desenvolvimento de redes mundiais e sistemas sociais e econômicos distantes de nossas preocupações individuais. A globalização representa também um fenômeno local, que afeta a todos nós cotidianamente (Giddens, 2005).

Segundo Giddens (2005, p. 61), ao adotarmos uma perspectiva global

> Tornamo-nos mais conscientes de nossas ligações com os povos de outras sociedades. Tornamo-nos também mais conscientes dos diversos problemas que o mundo enfrenta no início do século XXI. A perspectiva global nos mostra que nossos laços cada vez maiores com o resto do mundo podem significar que nossas ações têm consequências para outros e que os problemas do mundo têm consequências para nós. [...]. Por ser a globalização um conjunto de processos imprevisíveis, ela é difícil de controlar e gera novos desafios que afetam a todos.

De todas as vertentes no campo da globalização[1], a que mais se destaca como a mais visível é a vertente economicista.

Na concepção de Castro (2013, p. 54),

> estes podem ser resumidos aos dois polos que opõem a existência ou não de uma economia global e a ação ou a desaparição do Estado-nação. O debate se dá em torno das muitas consequências de um ou de outro

---

1. A globalização altera as formas de produzir, o mundo do trabalho, a circulação de mercadorias, a circulação financeira, os cenários, as práticas políticas e a cultura.

e das perspectivas favoráveis ou desfavoráveis dos efeitos das mudanças careadas pela globalização na submissão dos lugares e do cotidiano dos seus habitantes. Estes campos de discussão, e seus muitos desdobramentos temáticos, porém, têm alimentado discussões recentes nas ciências sociais que vão muito além da redução aos problemas econômicos e refletem sobre a importância da tecnologia da informação para a redefinição dos comportamentos políticos e para a democracia.

Portanto, se pensarmos numa perspectiva geográfica, trata-se de visualizar, segundo a concepção de Castro (2013), as condições de surgimento de uma escala cosmopolita, global, e seus meios de interação com as tradicionais, locais, regionais, nacionais e continentais.

Quando a temática posta em pauta é a globalização, nem todos os teóricos apresentam o mesmo posicionamento, ou seja, não existe um consenso de que ela seja uma realidade. Castells (2000a) exibe que a economia ainda não é global. O principal argumento para a afirmação do teórico ressalta vários elementos que podem ser facilmente identificados. Entre eles está o fato de que mesmo os maiores mercados e as maiores empresas ainda estão longe de serem totalmente integrados, pois os fluxos de capital são limitados, a mobilidade da mão de obra é prejudicada pelos controles da imigração e pela xenofobia, entre outros elementos que poderiam ser elencados.

Porém, para Castro (2013, p. 217), essa linha de argumentação considera simplista a tese da globalização como a imposição de uma economia que submete todo o planeta e "ignora a persistência do Estado-nação e o papel importantíssimo do governo na definição da estrutura e da dinâmica da nova economia".

No entanto, para Castells (2000a), existe uma economia informacional e global em que a informatização tem um papel decisivo para o surgimento dessa nova economia, capaz de funcionar em escala global. Todavia, é importante nos questionarmos por que o autor chama de *economia informacional*. Ele argumenta que é devido a duas razões: "a produtividade e a competitividade de unidades ou agentes nessa economia que dependem basicamente de sua capacidade de gerar, processar e aplicar de forma eficiente a informação baseada em conhecimento" (Castells, 2000a, p. 87).

Por outro lado, podemos analisar também que a economia global é fruto da modernização da tecnologia. A modernização da tecnologia, entre outros fatores, tem gerado profundas transformações nos processos produtivos e nas estratégias de reprodução do capitalismo (Santos, 2000).

Entretanto, muitos estudos confirmam que o capitalismo na contemporaneidade por meio de redes de informação acabou por transformar muitas das suas principais operações. Assim, categoricamente, a compactação tanto do espaço quanto do tempo viabilizada pela nova tecnologia da informação altera de forma brusca a velocidade e o escopo das decisões, em que a capacidade do sistema de reagir rapidamente a mudanças também aumentou, mas que, por outro lado, e pela mesma razão, tornou-se mais vulnerável, dada a tendência de ampliar perturbações relativamente pequenas e transformá-las em grandes crises, como afirma Castells (1999). Esse autor conclui que hoje empresas podem descentralizar-se e dispersar-se, permanecendo as decisões de alto nível nas "cidades mundiais", enquanto as operações administrativas, ligadas ao centro por redes de comunicações, podem ocorrer de forma virtual em qualquer lugar da face da terra.

Para Castells (1989, p. 349, tradução nossa), "cidades e regiões têm agora que concorrer entre si para firmar suas posições nos fluxos globais de informação ou ficarão fora dos fenômenos mais dinâmicos. 'Pessoas vivem em cidades; o poder governa através dos fluxos'".

Contudo, na década de 1990, com a revolução da tecnologia mais presente, houve transformações principalmente no mundo do trabalho, momento em que foram introduzidas novas formas de divisão técnica e social de trabalho. É na mesma década que o novo paradigma informacional, associado ao surgimento da empresa em rede, está em funcionamento e preparado para evoluir.

> Portanto sabemos que a tecnologia em si não é a causa dos procedimentos encontrados nos locais de trabalho. Decisões administrativas, sistemas de relações industriais, ambientes culturais e institucionais e políticas governamentais são fontes tão básicas das práticas de trabalho e da organização da produção que o impacto da tecnologia só pode ser entendido em uma complexa interação no bojo de um sistema social abrangendo todos esses elementos. Além disso, o processo de reestruturação capitalista deixou marcas decisivas nas formas e nos resultados da introdução das tecnologias da informação no processo de trabalho. (Castells, 1999, p. 40)

Além da dimensão econômica, tem-se na outra polaridade a dimensão política dessa nova economia. Para Sene (2003), a dimensão política tem provocado o enfraquecimento relativo dos Estados nacionais. Outros atores, velhos e novos, no cenário político e econômico internacional têm crescentemente usurpado parte do poder e da autoridade do Estado-nação, que assim tem perdido a soberania. Santos (2001) vai além e argumenta que a política agora é realizada no mercado. Existe, assim, uma convergência entre o pensamento de Santos e de Sene, uma vez que ambos mostram que os atores são as empresas globais, que não têm preocupações éticas, nem finalísticas.

Portanto, quem seriam esses atores? Os organismos intergovernamentais:

» Banco Mundial;
» Fundo Monetário Internacional (FMI);
» Organização Mundial do Comércio (OMC);
» grandes empresas;
» Organizações Não Governamentais (ONGs);
» blocos regionais.

Castro (2013) se baseia em Giddens (1991) para apresentar que existem quatro dimensões do sistema de globalização (ver Figura 5.1). Assim, além dos sistemas dos Estados-nações, há uma dimensão que lhes é inerente, que é a ordem militar, e outra inerente à economia capitalista, que é a Divisão Internacional do Trabalho.

Figura 5.1 - Quatro dimensões do sistema de globalização

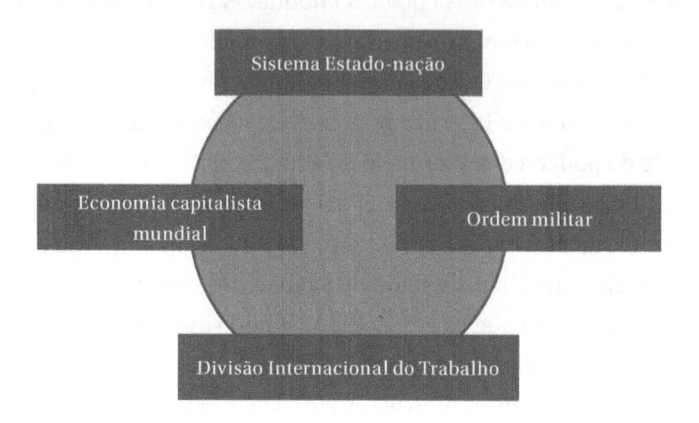

```
            ┌─────────────────────┐
            │ Sistema Estado-nação │
            └─────────────────────┘
  ┌──────────────────┐      ┌──────────────┐
  │ Economia capitalista │      │ Ordem militar │
  │     mundial      │      │              │
  └──────────────────┘      └──────────────┘
         ┌────────────────────────────────┐
         │ Divisão Internacional do Trabalho │
         └────────────────────────────────┘
```

Fonte: Giddens, 1991, citado por Castro, 2013, p. 76.

Dessa forma, a autora ainda pontua que:

> A estrutura conceitual do distanciamento tempo-espaço chama a atenção para as complexas relações entre envolvimentos locais (circunstâncias de copresença) e interação através de distância (as conexões de presença e ausência propiciadas pelas redes). Na atualidade, o nível de distanciamento, ou de separação, tempo-espaço, é muito maior que em qualquer período precedente, e as relações entre formas sociais e eventos locais e distantes se tornam correspondentemente "alongadas", ou seja, os contextos sociais não mais se explicam apenas pela copresença. (Castro, 2013, p. 226)

Já Castells (2000b, p. 107) chama a dimensão política de *repolitização do capital informacional,* caracterizada pela "nova forma de intervenção estatal na economia [que] une, em sua estratégia explícita a competitividade, a produtividade e a tecnologia". Para o autor, "o controle do Estado sobre o tempo e o espaço (sociais) vem sendo sobrepujado pelos fluxos globais de capital, de produtos, serviços, tecnologia, comunicação e informação" (Castells, 2000b, p. 107).

Contudo, se por um lado existe um consenso sobre a importância da tecnologia e da informatização para uma ação ampliada das empresas, por outro, não há consenso sobre a existência de uma economia global, que, na concepção de Castro (2013), implicaria outro conceito, nem de submissão da política a essa economia. Para Massey (2009), o mundo não é totalmente globalizado, isso significa que o próprio fato de que alguns estão se empenhando tanto em fazer com que ele seja é prova de que o projeto está incompleto.

Giddens (2000) afere perspectivas políticas e econômicas do fenômeno que são opostas. Primeiro, que entre os intelectuais que se debruçam sobre o tema não existe um consenso de que a globalização sugere a tese de que o mundo se tornou único. Ele finaliza apresentando os céticos e os radicais. Para os primeiros a economia global não é muito diferente da que existiu em períodos anteriores. Já para o grupo dos radicais, não só a globalização é muito real como suas consequências podem ser sentidas em toda a parte.

No entanto, Giddens (2000) afirma que nem os céticos nem os radicais entenderam exatamente o que é a globalização e quais são de fato suas implicações para a vida em sociedade, uma vez que os dois grupos somente veem o fenômeno pelo prisma econômico, negligenciando os demais aspectos, quer sejam de cunho político, tecnológico ou cultural.

Castro (2013), então, cita que desse modo não é possível pensar no Estado-nação sem mudanças, mas, ao mesmo tempo, que ainda não surgiu outro modelo institucional para substituí-lo, portanto, não é possível afirmar sua superação e deixar de pensar nele.

5.2 Antagonismos da globalização

Em todos os processos de mudanças que ocorrem, principalmente na aresta econômica, sempre temos os que se sobressaem e, por que não dizer, os que ganham e os que perdem. Não é e não poderia ser diferente, para o que as palavras de Santos (2006a) auxiliam ao dizer que a globalização passa a ser definida como o estágio supremo da internacionalização da economia.

Tais mudanças, quiçá, se mostram de forma mais clara na dimensão econômica da globalização ou também nos seus efeitos, como o cenário onde se debatem tanto os perdedores como os vitoriosos, desenhado pela articulação do global com o local, como apresenta Castro (2013). No campo da geografia, a autora acentua que estes correspondem aos lugares que ganham e os que perdem com o processo, ou os chamados **luminosos** e os **opacos**. Ou seja, os lugares que perdem são os opacos, que lutam para obter novas políticas distributivas, independentemente da escala, seja ela nacional ou global. Já os que ganham são também conhecidos como *luminosos*, uma vez que lutam para que essas políticas não sejam incrementadas. Vamos além, afirmando que luminosos são os países ricos, com elevados indicadores, sociais e econômicos, com tecnologia de ponta e que, sobretudo, vendem tecnologia para os países considerados opacos. Estes, ao contrário, mostram-se dependentes econômica e tecnologicamente dos países que detêm os melhores indicadores. Portanto, um antagonismo entre os luminosos e opacos. O Mapa 5.1 mostra a taxa de crescimento do PIB (Produto Interno Bruto) dos países, em que se observa que nos chamados *opacos* existe um decréscimo do PIB em relação aos países luminosos.

Mapa 5.1 – Taxa percentual de crescimento do PIB nos países opacos e luminosos

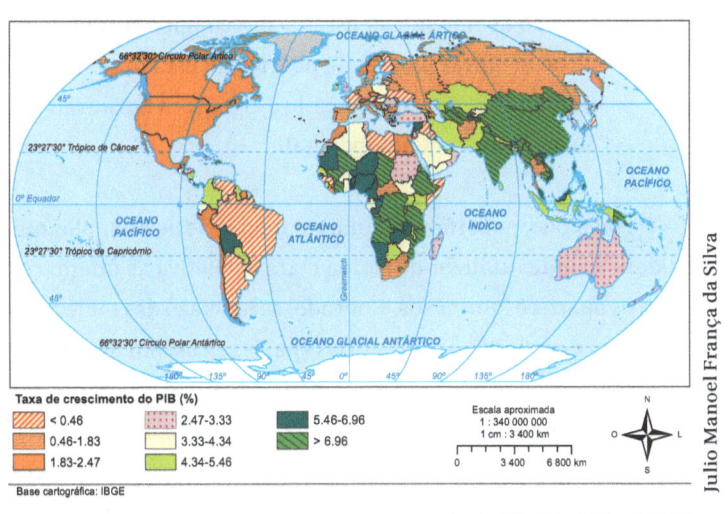

Fonte: The World Bank, 2018.

Assim, Castro (2013) comprova que a luta entre os luminosos e os opacos expressa o **conflito de interesses regionalmente estabelecidos** e compõe uma nova agenda de **regionalismos** que se beneficiam dos novos paradigmas tecnológicos e que lutam contra a isonomia inerente ao Estado nacional e suas intervenções para reduzir desequilíbrios regionais. É o caso das regiões ricas de alguns países europeus, como a Emília-Romanha (Lombardia), na Itália, e a Catalunha e o País Basco, na Espanha, e a região do Flandres, na Bélgica (Castro, 2013).

Ainda de acordo com Castro (2013, p. 222),

> A luta aqui é contra as ações compensatórias no território que o Estado é chamado a realizar e não contra o Estado como instituição, e pode mesmo, em alguns casos, reivindicar o separatismo para a criação de um novo Estado. Nas regiões perdedoras, a luta é no sentido de reivindicar essas ações compensatórias e de fazer entrar na agenda política do Estado as suas reinvindicações para forçá-lo a alocações favoráveis ao desenvolvimento regional.

De tal modo, poderíamos numerar uma série de exemplos que ajudam a contextualizar de forma clara e objetiva as diferenças entre os opacos e luminosos. Contudo, as lutas são das mais diversas, como as ações compensatórias (países ricos) em determinados territórios, que o Estado é chamado a realizar (Castro, 2013).

Igualmente, o cotidiano, o dia a dia das pessoas no mundo, é alterado em função principalmente dos avanços tecnológicos das telecomunicações que estão por trás da nova economia eletrônica global e dão suporte à circulação financeira ampliada. Você já parou para pensar em como tudo isso afeta o seu dia a dia? Portanto, para alguns teóricos, entre eles Castro (2013), não é possível pensar a globalização apenas e tão somente a partir da determinação estrutural dos grandes sistemas, como o da ordem financeira mundial.

> Na realidade, o processo não é singular, mas ao contrário, reúne um conjunto contraditório de processos

que operam de maneira contraditória ou antagônica e afetam o sistema político e o território. Cada setor das sociedades contemporâneas vem se apropriando desses avanços das telecomunicações para fazer avançarem suas próprias condições na reprodução, seja na economia, seja na cultura, seja na política.
(Castro, 2013, p. 223)

Portanto, esses regionalismos[2], que, em alguns casos, tornam-se nacionalismos locais, brotam como uma resposta a tendências globalizantes e pressionam os Estados nacionais mais antigos, podendo enfraquecê-los; é o caso, conforme cita Castro (2013), dos movimentos separatistas do Québec no Canadá ou da Escócia, na Grã-Bretanha.

Já a região em torno de Hong Kong, no norte da Itália e no Vale do Silício, na Califórnia, ou ainda na região da Catalunha e em todo o País Basco, observa-se que o próprio Estado-nação vê a necessidade de organizar o território e tirar vantagens da competitividade imposta pela globalização, repercutindo também na decisão de criar novas zonas econômicas e culturais por meio dessas nações e dentro delas.

Mas qual é a relação entre a geografia política e a globalização? Cabe pensarmos sobre perguntas a geografia política deve fazer à globalização. Assim, mencionamos Castro (2013), que sugere que, se concordarmos que não é possível fazer geografia política sem considerar os interesses de múltiplos atores sociais e que a lógica da política não se reduz à lógica econômica, um amplo leque de questões, bem mais interessantes do que a monocórdia

---

2. Disputa política de base territorial em face do poder central do Estado; reivindicação de uma autonomia, afirmação de uma cultura ou de um particularismo regional.

discussão sobre a circulação do capital financeiro ou os interesses das grandes corporações, se abre.

5.3 Geopolítica do caos

Em tempos de globalização, a sociedade mundial assiste à emergência de uma nova ordem global, que busca, na concepção de Carvalho (2002), por meio do discurso hegemônico, uma redefinição, bem como uma nova ordem de informação, sustentada pela hiper-realidade do controle midiático. Segundo Carvalho (2002), a hiper-realidade do controle midiático pode ser verificada pela primeira vez

> através do controle das informações pela CNN na Guerra do Golfo durante a cobertura das operações bélicas definidas como "tempestade do deserto", o recado estava dado, a nova ordem seria formulada com o controle e conjugação do poder bélico e informacional na única superpotência planetária em uma era economicamente multipolar e multi e plurilateral. (Carvalho, 2002, p. 157)

Portanto, o lastro institucional do Dólar e do poder bélico são os avalistas do novo paradigma econômico expresso pela ideologia monetarista-financeira da economia, conclui o autor.

Nesse formato, a reflexão teórica sistêmica em que se insere também Ignacio Ramonet[3] acaba sendo constituída em um sólido suporte que permite conferir inteligibilidade à organização e à dinâmica da sociedade mundial em gestação desde o fim da última Guerra Mundial e do colapso recente dos sistemas de poder geopolítico e geoeconômico dos tempos da Guerra Fria, com a dicotômica estabilidade posta pelo poder nuclear entre as duas grandes superpotências daquele período, pondera Carvalho (2002).

Para Ianni (1996, p. 75), o sistema mundial

> reconhece que o sistema-mundo tende a predominar, em que poderosas injunções são estabelecidas a uns e outros, nações e nacionalidades, corporações e organizações, atores e elites. Além disso, o sistema mundial acaba conferindo vigência e consistência, já que para o autor, estaria institucionalizado em agências mais ou menos ativas, como a Organização das Nações Unidas, o Fundo Monetário Internacional, o Banco Mundial. Conclui que a sociedade mundial pode ser vista como um sistema social complexo, no âmbito do qual encontram-se outros sistemas mais ou menos simples e complexos, tanto autônomos e relativamente autônomos como subordinados, ou subsistemas.

---

3. "Ignacio Ramonet nasceu na Galícia, em 1943. É diretor, em Paris, do *Le Monde Diplomatique*. Especialista em geopolítica e estratégia internacional, professor de Teoria da Comunicação na Universidade Denis Diderot de Paris. É doutor em Semiologia e História da Cultura pela Escola de Altos Estudos em Ciências Sociais, onde foi aluno de Roland Barthes. É um dos fundadores da Attac e membro do Conselho Internacional do Fórum Social Mundial" (Fidel Castro..., 2006).

Assim, o retrato da década perdida, expressa pela crise da dívida externa, o fim do socialismo real de matriz stalinista, no Leste Europeu, iniciado na era passada, altera a realidade que acaba sendo nutrida devido ao desmantelamento dos projetos desenvolvimentistas do Terceiro Mundo, principalmente nos países intermediários como o Brasil (Carvalho, 2002).

Vários autores, entre eles Carvalho (2002), mostram que as condições ideais para a imposição do paradigma neoliberal passam a existir com as vitórias de Ronald Reagan[4] e Margaret Thatcher, cujo objetivo maior era o combate ao comunismo internacional. Igualmente, o paradigma neoliberal se fez presente através do Consenso de Washington e dos resultados das rodadas do Gatt, que mais tarde se transformaram em OMC. Podemos afirmar que a Organização Mundial do Comércio surgiu como uma personalidade jurídica e de órgãos voltados para a solução de controvérsias: fixação de planos de ajuste estrutural, pelo novo perfil ideológico orientador das novas práticas do multilateralismo, induzindo dessa forma a consolidação das políticas conjugadas no Consenso de Washington, que se difundem como verdades hegemônicas universais que permitiam o esquadrinhamento de

---

4. "Ronald Reagan ingressou na política no ano de 1962, como membro do Partido Republicano, sendo eleito no ano de 1967 governador do Estado da Califórnia. Em 1981 assume a presidência dos Estados Unidos da América, em substituição a Jimmy Carter, sendo reeleito novamente presidente em 1984. Entre as inúmeras medidas adotadas em seu governo, destaca-se a implantação de uma política conservadora, destinada a sanear a economia, baseada na redução dos impostos e dos juros elevados, tendo como contrapartida a diminuição dos benefícios sociais e um aumento do déficit público. Pretendia, desse modo, financiar as despesas de rearmamento. Era anticomunista e, devido ao seu posicionamento político, abriu confronto com os Estados do bloco comunista e com os regimes revolucionários do Terceiro Mundo, especialmente na América Central (por exemplo, a Nicarágua). Contudo, com as transformações incentivadas por Mikhail Gorbachov na União Soviética, tanto na política externa como na interna, Reagan tornou-se um firme defensor do fim do confronto entre os dois blocos. Os acordos para a eliminação do armamento nuclear de médio alcance na Europa (1987) e a reunião com Mikhail Gorbachov em 1988 foram passos fundamentais para a implantação de uma nova ordem na política mundial. Foi sucedido por George Bush" (Ipea, 2010, p. 50).

uma economia movida pelo fluxos intermitentes e em tempo real do capital financeiro.

Assim, o mundo passava por grandes eventos de magnitudes ímpares, em que se destacavam três grandes ordens de acontecimentos, a citar:

» a derrota do Terceiro Mundo;
» o desaparecimento da URSS;
» a liberalização econômica mundial.

Desse modo, com os acontecimentos postos à mesa, o Brasil sofre um rebaixamento, em razão da crise da dívida externa. Porém, os reflexos não foram somente sentidos e vividos pelo Brasil. A Coreia do Sul também termina esse processo de bloqueio daquelas promessas de promoção seletiva ao "Primeiro Mundo".

Com o fim da União das Repúblicas Socialistas Soviéticas (URSS), o mundo deixou de ser bipolar. Então, a partir da década de 1990, os Estados Unidos da América a ser um país hegemônico como única superpotência mundial.

Porém, como nada é estático e existe um dinamismo muito grande, a paz era ilusória. Na concepção de Carvalho (2002, p. 158-159),

> a aparente paz perpétua universal na forma Kantiana difundida por essas novas teorias institucionalizadas de integração e cooperação via comércio internacional e planificação regionalizada de mercado, logo se revelaram como não condizentes com os novos processos de desagregação mundial, que não se referiam efetivamente à paz e estabilidade mundiais e sim, a um aumento do caráter contraditório e incoerente dos novos processos que desencadeiam uma verdadeira "geopolítica do caos" nas relações internacionais.

O autor continua argumentando que aqueles que acreditavam em momentos mais prolongados de paz e de estabilidade ficaram frustrados. Assim, para além dos acordos entre Washington e Moscou, outros processos de maior vultuosidade estavam ocorrendo, por exemplo, o desmantelamento da URSS como potência e a liberalização econômica mundial que na concepção de Carvalho (2002) não tardariam em instaurar a geopolítica do caos.

O papel que os Estados Unidos da América passaram a exercer enquanto hegemonia mundial acarretou o que muitos autores apresentam como novos processos de instabilidade e crise demarcados no cenário internacional, justamente em razão dessa preponderância. Muitos, no entanto, são os questionamentos apresentados em razão desse protagonismo, como: Quem seriam os outros atores envolvidos neste processo? Qual o papel das organizações internacionais, comerciais, financeiras, de fomento e destinadas à política, ciência, direitos humanos e desenvolvimento, como a OMC, o FMI, o Banco Mundial e a ONU?

Porém, além dos elementos já apresentados, outros precisam ser elencados: o poder da mídia e a fabricação de novos consensos sustentadores de novos mitos e identidades que conferem maior credibilidade à razão instrumental do globalitarismo. De acordo com Carvalho (2002), cabem ainda questionamentos sobre qual seria o novo papel do Estado e quais seriam os novos mitos criados para justificar o papel da sociedade política.

> Do ponto de vista geopolítico, o mundo apresenta o aspecto de um grande caos: por um lado, a multiplicação das uniões econômicas regionais; por outro lado, renascimento dos nacionalismos, ascensão dos integrismos, Estados divididos, minorias que reivindicam sua independência [...]. Além disso, redes

internacionais de caráter mafioso e crime organizado constituem novas ameaças por que controlam toda espécie de circuitos clandestinos. Por outro lado, as grandes migrações devidas à pobreza são percebidas, igualmente, como uma ameaça transfronteiriça pelos Estados ricos do Norte. (Carvalho, 2002, p. 48)

Em outras palavras, a fase dos Estados como os principais atores da expansão conquistadora já não está mais em voga; os principais atores neste início do século XXI são as empresas e os conglomerados, os grupos industriais e financeiros privados. Concluímos, portanto, que a geopolítica do caos se relaciona com o caos social.

5.4 Geopolítica do novo milênio

Uma nova configuração e organização do espaço geográfico mundial marcou o final do século XX, trazendo importantes desafios à geopolítica no peródo e no início do XXI. Vários acontecimentos, entre eles a Guerra Fria, colocaram em disputa países com propostas de cunho ideológico, político e econômico distintos, fazendo com que naquele momento histórico o mundo tivesse uma configuração bipolar (capitalismo X socialismo). Entretanto, o fim da Guerra Fria representou mudanças geopolíticas no cenário mundial, gerando uma ilusão de harmonia, de ordem. Assim, o mundo da nova ordem mundial não seria mais pacífico. A regionalização da economia, dos conflitos e da segurança permeou o período pós-Guerra Fria. Um número crescente de conflitos e guerras passou a ser condicionado por dinâmicas regionais, conclui Teixeira Junior (2017).

Com a afirmação dos Estados Unidos como a grande potência econômica mundial, no final do século XX e início do século XXI, novos blocos econômicos foram sendo formados ou rearranjados e novos países assumiram maior participação no cenário econômico e político internacional.

A difusão das inovações tecnológicas foi fruto da Guerra Fria, por terem amplo alcance mundial e se difundirem por todos os setores da economia, embora as inovações tecnológicas não são difundidas igualmente em todos os lugares do mundo.

Um dos grandes temas e preocupações presentes na onda das mudanças pós-Guerra Fria é o terrorismo, ou seja, o término da Guerra Fria não significou o fim dos conflitos mundiais. Os conflitos atuais envolvem disputas econômicas e questões étnicas, culturais, entre outras.

Na concepção de Vesentini (2002), o terrorismo virou um dos principais assuntos internacionais desde 2001. Ele afetou as perspectivas de crescimento das economias e deu origem a um novo sistema interestatal de alianças. Para o autor, ele também ensejou uma série de mudanças que começam a alterar a nossa rotina. Podemos dizer, afinal, que ele contribui para redefinir a ordem geopolítica mundial.

Para Moreira (2009), os atos terroristas são ações planejadas de violência praticadas por indivíduos ou grupos que têm identidade religiosa ou étnica, além de uma agenda política – pois existem atentados terroristas feitos por grupos terroristas de esquerda ou extrema-direita, entre outros, que criam um ambiente ameaçador para civis e militares. Essas ações também podem ser praticadas pelo próprio Estado. Não se trata, contudo, de uma prática recente, mas, foi utilizada em diferentes momentos históricos. Durante a Guerra Fria, por exemplo, houve a multiplicação de grupos terroristas, que atuavam muitas vezes contra o Estado organizado.

> A nova organização política e econômica mundial acentua a hegemonia dos valores ocidentais, que se intensifica com o maior alcance que as tecnologias possuem atualmente. Com isso, desencadeia-se um estado de tensão no interior de algumas sociedades, onde surgem grupos que, para se contrapor ao domínio político, econômico e cultural, promovem manifestações violentas mediante a prática de atos terroristas. (Moreira, 2009, p. 31)

Dessa forma, a prática do terrorismo pode ter diferentes finalidades, como a difusão de uma ideologia, uma reinvindicação político-territorial, a afirmação de uma religião ou de uma etnia etc.

Ao tratarmos a geopolítica do novo milênio, nosso objetivo não é fazer inferências sobre os grupos, como o grupo separatista ETA (Pátria Basca e Liberdade),[5] o PKK (Partido dos Trabalhadores do Curdistão), as FARC (Forças Armadas Revolucionárias da Colômbia), ou mesmo os atentados de 11 de setembro de 2001, mas analisar o terrorismo atual ou pós-moderno e realizar apontamentos sobre o seu significado na nova ordem mundial, que mais uma vez se redefine, desencadeando uma série de mudanças permanentes nas relações (econômicas, político-diplomáticas e militares) internacionais.

---

5. O grupo tem como principal objetivo a independência de Euskal Herria, o Grande País Basco. A região basca, que está localizada na Europa, é delimitada pela região do rio Adour, na França, até a bacia do rio Ebro, na Espanha. Além disso, engloba algumas regiões autônomas espanholas do País Basco e de Navarra, e também a região Basca em território francês.

Vesentini (2003) define o terrorismo como uma forma violenta de protesto (e de tentativa de desestabilizar algum regime). Portanto, o terrorismo é diferente da guerra (que envolve Estados) e também da guerrilha, pois esta almeja conquistar territórios, algo que o terrorismo não quer ou não pode. O terrorismo, portanto, é uma ação desesperada e violenta, feita por grupos que almejam mudar alguma coisa na vida política e social, derrubar um regime, lutar contra uma potência hegemônica ou estrangeira.

No entanto, o terrorismo atual, também chamado de *pós-moderno* ou *global*, é diferente das formas anteriores, por razões e em especial pelo planejamento, pelos objetivos, pela natureza globalizada e pelo uso inteligente da mídia. Ou seja, o "novo terrorismo", o "pós-moderno" ou global não tem um objetivo político preciso e normalmente as organizações que o praticam não fazem muita questão de assumir a autoria do ato (Vesentini, 2001). Outro diferencial é que essa prática não se limita aos assassinatos e/ou explosões isoladas. É global, convive com a globalização e se alimenta dela, além de dispor de um sofisticado arsenal de financiamento e de artefatos, novos meios de destruição.

Ao que tudo indica, as consequências dos atos terroristas e da subsequente luta antiterror são variadas e permanentes, já que, em geral, são adotadas medidas com vistas à prevenção do terrorismo e, infelizmente, como argumenta Vesentini (2003), muitas delas poderão restringir o direito de privacidade e as liberdades individuais.

Poderíamos elencar uma série de medidas que foram tomadas a partir de 2001 pelos Estados Unidos, devido aos ataques de 11 de setembro, incluindo o World Tarde Center, em Nova York. Cabe destacarmos que uma série de outros países também adotaram medidas restritivas. Algumas das medidas preventivas acabam nos afetando quase diretamente, como um maior controle sobre os aeroportos, alfândegas e até uma maior vigilância sobre as transações financeiras internacionais, bem como novas medidas de segurança em aviões. Além das ações citadas, a internet e as telecomunicações internacionais são objetos de novas regras de vigilância, assim como os laboratórios e centros de pesquisas em física nuclear. Somem-se a isso, as restrições legais ao controle de telefonemas particulares, de trocas de *e-mails*, de registros médicos, de transações bancárias, entre outros.

> Desde meados do século XX, o terrorismo tem sido sinônimo de Oriente Médio. O conflito Israel-Palestina é um dos maiores desafios do mundo. Em 1964, líderes árabes formaram a Organização para a Libertação da Palestina (OLP), declarando a fundação de Israel como ilegal. A OLP usou o terrorismo para atacar Israel e alvos ocidentais por seu apoio a esse país. Em 1970, militantes palestinos explodiram três aviões sequestrados no deserto da Jordânia, e um grupo ligado à OLP atacou a delegação israelense nos Jogos Olímpicos de Munique, na Alemanha, em 1972. Em 1983, o Hezbollah, grupo muçulmano xiita fundamentalista apoiado pelo Irã no Líbano, atacou quartéis em Beirute, ocupado tanto por fuzileiros navais americanos quanto por forças francesas, matando 298 pessoas. O Hezbollah foi o primeiro a usar homens-bomba no Oriente Médio. Tanto judeus quanto muçulmanos têm usado o terrorismo para atrapalhar as diversas tentativas de paz na região. (O livro da história, 2017, p. 321)

Para além das medidas anteriormente mencionadas, as maiores pressões internacionais, com o aval da Organização das Nações Unidas (ONU), são sobre os Estados que escondem terroristas e/ou sediam os seus campos de treinamento, algo que atropela a soberania de inúmeros Estados nacionais, conclui Vesentini (2003).

Porém, todas as medidas adotadas acabam devido ao excesso de controle e de segurança não sendo compatível nem com o mercado aberto e globalizado, que precisa de fluxos internacionais (tangíveis e intangíveis) rápidos e sem grandes barreiras, e muito menos com a democracia, que, afinal, pressupõe certa indeterminação no sentido da possibilidade – ou do direito – de ser diferente e inclusive de poder alargar as fronteiras do possível.

> E o terrorismo, no final das contas, não deverá cessar – no máximo poderá ser mais controlado e reduzido –, pois ele é indissociável das rápidas mudanças e instabilidades produzidas pelo avançar da modernidade neste momento de revolução técnico-científica e globalização. Todo esse conjunto de processos ou mudanças que estão ocorrendo, se por um lado preserva ou até agrava as inúmeras diversidades socioeconômicas e as alteridades culturais, por outro lado gera e/ou se alimenta de um avanço tecnológico que melhora a qualidade de vida de muitos e ao mesmo tempo possibilita a outros tantos o acesso a novos e mais sofisticados meios de destruição. (Vesentini, 2003, p. 286)

Embora tenham se passado alguns anos dessa publicação de Vesentini, podemos perceber que sua contribuição continua atual. Portanto, o terrorismo é um subproduto da revolução técnico-científica e da globalização que por um lado unifica e por outro divide e até exclui. Entretanto, o subproduto a que o autor está se referindo não é no sentido de uma reação contra a revolução técnico-científica ou contra a globalização – como muitas vezes apregoa –, mas uma forma de protesto violento que se alimenta deles, que se atualizou e se aperfeiçoou com auxílio desses fatores.

Síntese

As últimas décadas do século XX foram importantes para uma série de mudanças e ao mesmo tempo inúmeras incertezas, quer sejam na ordem econômica, política, cultural, ambiental ou social. Para tal, discutimos neste capítulo alguns temas tidos como contemporâneos e que estão na ordem do dia neste início do século XXI. Entre os assuntos, o trato com a globalização, cujas várias dimensões e cuja ubiquidade fazem dela uma questão inescapável para o espaço e para as sociedades, onde quer que estejam localizadas. Dessa forma, apresentamos em um primeiro momento a globalização na concepção de teóricos como Milton Santos, Massey, Castells e Moreira, que discorrem sobre o conceito, abordando a dimensão econômica e a dimensão política e seus principais antagonismos. Além disso, de forma concisa, definimos o que vem a ser a geopolítica do caos na concepção de alguns teóricos, tendo como grande ícone Ignacio Ramonet. Ao discorrermos sobre a geopolítica do caos, na sequência da temática, apresentamos de forma breve a geopolítica do novo milênio, fazendo menção principalmente ao terrorismo, que, com a globalização, mostra-se com uma nova roupagem, que Vesentini considera um subproduto da revolução técnico-cientifica e da globalização, que por um lado unifica e por outro divide e até exclui.

Tratamos ainda da hegemonia norte-americana somada à globalização, que fez com que a diferença entre países ricos e pobres se distanciasse ainda mais. Ou seja, as desigualdades internacionais tiveram seus índices elevados. Por isso, não há como negar que o capitalismo tem passado por profundas transformações ao longo das últimas décadas, refletindo e alterando a dinâmica do espaço geográfico mundial.

Indicações culturais

Documentário

O MUNDO GLOBAL VISTO DO LADO DE CÁ. Direção: Silvio Tendler. Brasil, 2002. Disponível em: <https://www.youtube.com/watch?v=-UUB5DW_mnM>. Acesso em: 3 jul. 2018.

O documentário do cineasta brasileiro Silvio Tendler (2002), intitulado O mundo global visto do lado de cá, *realizado com o teórico e pensador Milton Santos, busca apresentar aos pesquisadores, intelectuais, críticos, estudantes e demais interessados, os problemas que surgiram com o processo de globalização, sob uma ótica, considerada por muitos inédita. Assim, Tendler, foge do convencional, ao mostrar o mundo com o olhar dos países tidos como periféricos. Portanto, o documentário, faz os que assistem refletirem sobre alguns aspectos que estão contidos em um modelo de sociedade capitalista, entre eles, a sociedade consumista, o território, os principais efeitos da globalização e as ações perversas do capitalismo. Dessa forma, e não poderia ser diferente, em uma sociedade cujo modelo posto é o capitalismo, as consequências são inúmeras, deixando marcas de diversas ordens, sobretudo para as populações menos escolarizadas e que estão alijadas do modelo vigente.*

Livro

SANTOS, M. **Por uma outra globalização**: do pensamento único à consciência universal. Rio de Janeiro: Record, 2015.

A obra de Milton Santos expressa de forma clara e objetiva uma visão diferenciada de todas as obras que trazem no bojo da discussão a temática da globalização. O teórico aponta o aspecto perverso da globalização, destacando o papel atual da ideologia na produção da história e mostrando os limites do seu discurso em face da realidade vivida pela maioria das nações. Além disso, a obra é carregada de outros elementos, apresentando a globalização como fábula, como perversidade e como possibilidade ("por uma outra globalização"). O primeiro seria o mundo tal como nos fazem vê-lo, a globalização como fábula; o segundo seria o mundo tal como ele é; e o terceiro, um mundo como ele pode ser.

Atividades de autoavaliação

1. (UFPA – 2014) "Os espaços [...] requalificados atendem, sobretudo, aos interesses dos atores hegemônicos da economia, da cultura e da política e são incorporados plenamente às novas correntes mundiais. O meio técnico-científico-informacional é a cara geográfica da globalização."

   (SANTOS, Milton. A natureza do espaço: técnica e tempo, razão e emoção. São Paulo: Ed. Hucitec, 1997, 2. ed., p. 191.).

   Considerando o texto é correto afirmar acerca do processo de globalização:
   a) Os sistemas de informação hoje existentes, apesar de avançados, ainda não possibilitam trocas de imagens, sons,

dados e voz em tempo real por todo o mundo, o que promove uma relativa distância entre os espaços regionais.

b) Após a onda de inovação tecnológica que perdurou da Segunda Guerra Mundial até os anos 70, um novo caminho, a revolução tecnocientífica, baseado na emergência dos microeletrônicos e da transmissão de informações, reordena o espaço global.

c) Uma das características que marcaram desde o início a "era da informação" foi a utilização de tecnologias de mais durabilidade e de difícil substituição.

d) De acordo com a nova ordem mundial, não é mais o poderio militar que impossibilita a circulação de informação em tempo real, mas, sim, o poderio econômico e tecnológico.

e) A força cultural no mundo ocidentalizado impede que cada vez mais pessoas bebam os mesmos refrigerantes, comam nas mesmas redes de lanchonetes, ouçam os mesmos tipos de músicas, assistam aos mesmos filmes e utilizem a mesma rede mundial de computadores para comunicação on line.

2. A globalização é o processo de constituição de uma economia mundial, da crescente integração dos mercados nacionais e do aprofundamento da divisão internacional do trabalho. No que diz respeito a esse processo, assinale a opção incorreta:

a) A globalização de capitais, proporcionada pelas fusões transnacionais, gera gigantes econômicos.

b) A etapa atual da globalização fundamenta-se no aumento generalizado das barreiras mercadológicas.

c) Intensificam-se, nesse processo, as trocas comerciais e a organização dos países em blocos econômicos.

d) O processo de globalização acentuou as diferenças entre países desenvolvidos e emergentes.

e) Os megablocos econômicos contribuem para ampliar a escala das atividades econômicas e facilitar a centralização de capitais.

3. (Fatec - SP - 2014) Os países subdesenvolvidos constituem a periferia do sistema capitalista internacional. Neles dominam grandes desigualdades sociais e forte exploração de mão de obra. A riqueza e os elevados padrões de vida do centro (países desenvolvidos) são em boa parte garantidos pela dependência e descapitalização da periferia. O texto permite-nos afirmar que:

   a) Esses países caminham para uma igualdade de condições em relação aos países capitalistas desenvolvidos.

   b) Esses países não mantêm relações com os países do centro do capitalismo internacional.

   c) Países pobres são responsáveis pela manutenção dos elevados padrões de vida da população dos países ricos, tornando-se isso possível pela ordem econômica estabelecida entre países centrais e periféricos.

   d) Países desenvolvidos conseguiram elevar seu padrão à custa da Revolução Industrial, independentemente do que acontecia em outras partes do globo.

4. (Mack - 2015) O termo globalização expressa um processo, sobretudo de natureza econômica, atualmente em curso, que atinge dimensão planetária. Entre as características principais da globalização, destacam-se:

   I. A descentralização espacial das funções produtivas entre vários países e continentes.

II. O fortalecimento dos Estados Nacionais, aumentando o papel do Estado como administrador das economias e provedor do bem-estar social.

III. O crescimento das discussões internacionais sobre o meio ambiente, em função de pressões de ONGs e da relativa ampliação da consciência ecológica.

São corretas as características:
a) I e II, apenas.
b) I e III, apenas.
c) apenas II.
d) II e III, apenas.
e) I, II e III.

5. (UERJ – 2013)

Rússia e China rejeitam ameaça de guerra contra Irã

A Rússia e a China manifestaram sua inquietude com relação aos comentários do chanceler francês, Bernard Kouchner, sobre a possibilidade de uma guerra contra o Irã. Kouchner acusou a imprensa de "manipular" suas declarações. "Não quero que usem isso para dizer que sou um militarista", disse o chanceler, dias antes de os cinco membros permanentes do Conselho de Segurança da ONU – França, China, Rússia, Reino Unido e Estados Unidos – se reunirem para discutir possíveis novas sanções contra o Irã por causa de seu programa nuclear.

Adaptado de www.estadao.com.br, 18/09/2007.

O Conselho de Segurança da ONU pode aprovar deliberações obrigatórias para todos os países-membros, inclusive a de intervenção militar, como ilustra a reportagem. Ele é composto por quinze membros, sendo dez rotativos e cinco permanentes com poder de veto.

A principal explicação para essa desigualdade de poder entre os países que compõem o Conselho está ligada às características da:
a) geopolítica mundial na época da criação do organismo
b) parceria militar entre as nações com cadeira cativa no órgão
c) convergência diplomática dos países com capacidade atômica
d) influência política das transnacionais no período da globalização

Atividades de aprendizagem

Questões para reflexão

A globalização não é um processo universal que atua da mesma forma em todos os campos da atividade humana. Ainda que se possa dizer que há uma tendência histórica natural para a globalização nas áreas de tecnologia, comunicações e economia, isso certamente não vale para a política [...].
Não acho possível que seja possível identificar a globalização apenas com a criação de uma economia global, embora este seja o seu ponto focal e sua característica mais óbvia. Precisamos olhar para além da economia. Antes de tudo, a globalização depende da eliminação de obstáculos técnicos, não da eliminação de obstáculos econômicos. Ela resulta da abolição da distância e do tempo. Por exemplo, teria sido impossível considerar o mundo como uma unidade antes de ele ter sido circum-navegado no início do século XVI. Do mesmo modo, creio que os revolucionários avanços tecnológicos nos transportes e nas comunicações desde o final da Segunda Guerra

Mundial foram responsáveis pelas condições para que a economia alcançasse os níveis atuais de globalização.

Fonte: Hobsbawm, 2000, p. 70-73.

Com base no capítulo e no texto apresentado, responda:

1. Como a tecnologia vem modificando o cotidiano das pessoas?

2. Com a globalização, novos hábitos no trabalho e em atividades do cotidiano de lazer, da escola, surgem em grande parte, relacionados às inovações tecnológicas e ao aumento de produção e de consumo. Se, por um lado, a globalização traz novos hábitos, por outro, gera desigualdades. Como isso se apresenta no dia a dia em seu local de trabalho, no município e no entorno onde você mora?

3. Com a globalização cada vez mais presente no dia a dia, pode-se afirmar que ela gera desigualdade de acesso aos bens e serviços, principalmente daqueles ligados às necessidades básicas? Por quê?

Atividade aplicada: prática

1. Faça um levantamento de países que sofreram ações de grupos terroristas. Quais foram os países mais citados? É possível fazer alguma relação entre os países que sofreram ataques terroristas e sua posição no cenário econômico mundial? Qual?

Considerações finais

Adentramos o século XXI e, dada a grande quantidade de acontecimentos de ordem essencialmente econômica, envolvendo Estados ou blocos econômicos, bem como de cunho político, cultural, social ou ambiental, é fundamental que o olhar geográfico aguçado se faça necessário para desvendar a complexidade e a multiplicidade de fatos e acontecimentos entrelaçados, aparentemente paradoxais, de escalas espaciais diferenciadas.

Dessa forma, ao longo dos capítulos, você pôde perceber as principais definições e concepções da geografia política e da geopolítica, bem como entrar em contato com os seus principais teóricos e suas influências na geopolítica mundial e, consequentemente, na geografia brasileira. Com base no que foi visto nesta obra, procuramos apresentar a geografia política como um conjunto de ideias políticas e acadêmicas sobre as relações da geografia com a política e vice-versa, e a geopolítica como uma teoria apoiada fundamentalmente no território.

No Capítulo 1, vimos a importância das teorias da geopolítica clássica, também conhecida como *geopolítica tradicional*, que iniciou com Halford Mackinder, geógrafo britânico, com a Teoria do Heartland, cujo pensamento geopolítico e estratégico continua vivo e apresenta relevantes contribuições a essa área do conhecimento. Demonstramos como coube a Alfred Thayer Mahan apresentar um estudo de forma detalhada sobre as guerras navais, ao mesmo tempo que demonstrou como o poderio naval explicava a maior parte da história, ou seja, a preocupação central da sua obra é discutir os fundamentos da estratégia naval. Dando continuidade, apresentamos a importância da teoria Karl Haushofer, bem como a conexão Mackinder-Haushofer. Para finalizar os clássicos, Nicholas Spykman, que teve um papel de destaque, dada a importância da sua produção intelectual, que subsidiou a elaboração da estratégia de contenção adotada pela política de poder americana a partir da Guerra Fria.

Após realizarmos uma discussão sobre as teorias geopolíticas clássicas, procuramos discutir e analisar a geografia política e a geopolítica no Brasil, bem como a sua afirmação nos diferentes momentos históricos na economia e na política brasileira e seus principais teóricos. Vimos que a Escola Superior de Guerra, ao final da década de 1940, foi um fecundo local de produção do pensamento geopolítico no Brasil, cujo principal objetivo era traçar uma política de segurança nacional. Sua criação foi um espaço fértil para a formação de geopolíticos como Golbery do Couto e Silva.

Ao tratarmos da geopolítica no Brasil, ainda no Capítulo 2, analisamos os "grandes temas" da geopolítica brasileira, a saber, os meios de transporte, a mudança da capital federal, a geopolítica das fronteiras e a divisão territorial.

Nesta obra, propusemo-nos também a examinar, no Capítulo 3, a geopolítica e a nova ordem mundial e a crise do mundo bipolar, mostrando como ocorreu a crise do mundo bipolar que dominou o mundo desde 1945, com o fim da Segunda Guerra Mundial, perpassando pela Guerra Fria e pelos caminhos gestados para a nova ordem mundial, à luz de alguns teóricos, buscando entender quais foram os traços mais importantes dessa nova ordem.

No Capítulo 4, trouxemos uma abordagem sobre Divisão Internacional do Trabalho e seus principais impactos/reflexos sobre as relações políticas e econômicas entre os diferentes países. Nos tópicos seguintes, vimos que tanto as grandes navegações quanto o período denominado *colonial*, foram determinantes e influenciaram fortemente no desenvolvimento dos países e consequentemente no processo de industrialização e do capitalismo.

Além disso, outra abordagem realizada deu-se em função da ascensão dos Estados Unidos como nação capitalista hegemônica e sobre a importância da Guerra Fria na Divisão Internacional do Trabalho. Foi a partir dos anos de 1990 que se apresentou uma nova geopolítica relacionada à divisão do trabalho e a busca dos países em se articularem em grandes blocos para superarem as crises econômicas cíclicas.

Por fim, no Capítulo 5, focamos os estudos nos "temas contemporâneos", abordando a globalização como um processo que não é recente, bem como suas várias dimensões. Para finalizar, apresentamos os principais antagonismos da globalização, perpassando a geopolítica do caos e a geopolítica do novo milênio, à luz de teóricos como Milton Santos, David Harvey e Manuel Castells.

Referências

A GEOGRAFIA política após a 1ª Guerra Mundial. Disponível em: <https://noseahistoria.wordpress.com/2011/09/19/a-geografia-politica-apos-a-1-%C2%AA-guerra-mundial/>. Acesso em: 19 jul. 2018.

ALVES, A. R. **Geografia econômica e geografia política**. Curitiba: InterSaberes, 2016.

AQUINO, R. S. L. de. **História das sociedades**: das sociedades modernas às sociedades atuais. Rio de Janeiro: Ao Livro Técnico, 1997.

ARENDT, H. **Da revolução**. São Paulo: Ática, 1989.

BACKHEUSER, E. **A estrutura política do Brasil**. Rio de Janeiro: Mendonça, Machado & Cia., 1926.

BACKHEUSER, E. **Problemas do Brasil:** estrutura geopolítica – o espaço. Rio de Janeiro: Omnia, 1933.

BECKER, B. K. Geopolítica da Amazônia. **Estudos Avançados**, São Paulo, v. 19, n. 53, jan./abr. 2005. Disponível em: <http://www.scielo.br/scielo.php?script=sci_arttext&pid=S0103-40142005000100005>. Acesso em: 3 jul. 2018.

BENAKOUCHE, R. **O que é capital internacional**. Brasília: Nova Cultural/Brasiliense, 1986.

BRANCO, A. L.; LUCCI, E. A.; MENDONÇA, C. **Território e sociedade no mundo globalizado:** ensino médio. São Paulo: Saraiva, 2005.

BRASIL. Ministério da Defesa. **Programa Calha Norte**. Disponível em: <http://www.defesa.gov.br/programas-sociais/programa-calha-norte>. Acesso em: 3 jul. 2018.

CANCIAN, R. Geopolítica: teorias do Heartland e do Rimland. **UOL**, Educação, Pesquisa Escolar, 12 jun. 2008. Disponível em: <https://educacao.uol.com.br/disciplinas/sociologia/geopolitica-teorias-do-heartland-e-do-rimland.htm>. Acesso em: 3 jul. 2018.

CARMONA, R. G. **Geopolítica clássica e geopolítica brasileira contemporânea**: Mahan, Mackinder e a "grande estratégia" do Brasil para o século XXI. 166 f. Dissertação (Mestrado em Geografia Humana) – Universidade de São Paulo, São Paulo, 2012.

CARVALHO, L. A. (Org.). **Geopolítica e relações internacionais**. Curitiba: Juruá, 2002.

CASTELLS, M. **A sociedade em rede**. São Paulo: Paz e Terra, 1999. v. 1.

CASTELLS, M. **A sociedade em rede**. São Paulo: Paz e Terra, 2000a.

CASTELLS, M. **O poder da identidade**. São Paulo: Paz e Terra, 2000b.

CASTELLS, M. **The Informational City**: Information Technology, Economic Restructuring and the Urban-Regional Process. Oxford: Basil Blackwell,1989.

CASTRO, I. E. de. **Geografia e política**: território, escalas de ação e instituições. 2. ed. Rio de Janeiro: Bertrand Brasil, 1995.

CASTRO, I. E. de. **Geografia e política**: território, escalas de ação e instituições. 5.ed. Rio de Janeiro: Bertrand Brasil, 2013.

CASTRO, J. de. **O livro negro da fome**. 3. ed. São Paulo: Brasiliense, 1968.

CASTRO, J. de. **Geopolítica da fome**. 6. ed. São Paulo: Brasiliense, 1961.

CAUBET, C. G. A geopolítica como teoria das relações internacionais: uma avaliação crítica. **Sequência**, Florianópolis, v. 5, n. 8, p. 55-74, 1984.

CLAUSEWITZ, K. **De la guerra**. Buenos Aires: Solar, 1983.

COSTA, E. **O que todo cidadão precisa saber sobre Imperialismo**. São Paulo: Global, 1990.

COSTA, O. de M. E. da. **O arranjo produtivo de calçados em Juazeiro do Norte**: um estudo de caso para o estado do Ceará. Tese (Doutorado em Economia) – Universidade Federal do Rio de Janeiro, 2007.

COSTA, W. M. da. **Geografia política e geopolítica**: discursos sobre o território e o poder. São Paulo: Edusp, 1992.

COSTA, W. M. da. **Geografia política e geopolítica**: discussões sobre o território e o poder. 2. ed. São Paulo: Edusp, 2008.

DIAS, C. M. M. **Geopolítica**: teorização clássica e ensinamentos. Lisboa: Prefácio, 2005.

DOKUMENTATION OBERSALZBERG. Disponível em: <https://www.obersalzberg.de/fileadmin/_processed_/b/8/csm_Besetztes_Europa_Popup_4_6a22fefb2a.gif>. Acesso em: 19 jul. 2018.

DUARTE, L. C. Depois da Guerra Fria: a Escola Superior de Guerra. **Revista da Escola Superior de Guerra**, v. 28, n. 57, p. 123-148, jul./dez. 2013.

ESCOLA Superior de Guerra. Disponível em: <http://www.fgv.br/cpdoc/acervo/dicionarios/verbete-tematico/escola-superior-de-guerra-esg>. Acesso em: 3 jul. 2018.

ESCOLA Superior de Guerra. **Revista da Escola Superior de Guerra**, Rio de Janeiro, v. 28, n. 57, jul./dez. 2013.

ELWELL, F. W. **Wallerstein's World-Systems Theory**. Disponível em: <https://faculty.

rsu.edu/users/f/felwell/www/Theorists/Essays/Wallerstein1.htm>. Acesso em: 20 jul. 2018.

FERLINI, V. L. A. Uma capitania dos novos tempos: economia, sociedade e política na São Paulo restaurada (1765-1822). **Anais do Museu Paulista**, São Paulo, v. 17, n. 2, p. 237-250, jul./dez. 2009. Disponível em: <http://www.scielo.br/pdf/anaismp/v17n2/12.pdf>. Acesso em: 3 jul. 2018.

FIDEL CASTRO: biografia a duas vozes, de Ignacio Ramonet. **Carta Maior**, 2 ago. 2006. Disponível em: <https://www.cartamaior.com.br/?/Editoria/Midia/Fidel-Castro-biografia-a-duas-vozes-de-Ignacio-Ramonet-/12/11149>. Acesso em: 3 jul. 2018.

FONT, J. N.; RUFI, J. V. **Geopolítica, identidade e globalização**. São Paulo: Annablume, 2006.

FURTADO, C. **Formação econômica do Brasil**. São Paulo: Publifolha, 2000.

GASTOS militares aumentam nos EUA e Europa. **Euronews**, 25 abr. 2017. Disponível em: <http://pt.euronews.com/2017/04/25/gastos-militares-aumentam-nos-eua-e-europa>. Acesso em: 16 jul. 2018.

GIDDENS, A. **As consequências da modernidade**. São Paulo: Ed. da Unesp, 1991.

GIDDENS, A. **Mundo em descontrole**. Rio de Janeiro: Record, 2000a.

GIDDENS, A. **Mundo em descontrole**. Rio de Janeiro: Record, 2000b.

GIDDENS, A. **Sociologia**. 4. ed. Porto Alegre: Artmed, 2005.

GÓES, E. M. Questões abertas a partir do I Simpósio Internacional Cidades Médias: Dinâmica Econômica e Produção do Espaço Urbano. In: SPOSITO, E. S.; SPOSITO, M. E. B.; SOBARZO, O. (Org.). **Cidades médias**: produção do espaço urbano e regional. São Paulo: Expressão Popular, 2006. p. 365-375.

GÓES, E. M.; ANDRÉ, A. L. Violência e fragmentação: dimensões complementares da realidade paulistana. **Terra Livre**, v. 27, p. 15-38, 2006.

GÓES, G. S. A nova ordem mundial na era pós-bipolar. **Cadernos de Estudos Estratégicos**. Rio de Janeiro, n. 1, p. 134-175, jul. 2006.

GOMES, P. C. da C. **Geografia fin-de-siècle**: o discurso sobre a ordem espacial do mundo e o fim das ilusões. In: CASTRO, I. E.; CORRÊA, R. L; GOMES, P. C. (Org.). **Explorações geográficas**. Rio de Janeiro: Bertrand, 1997. p. 13-42.

GUIMARÃES, S. P. **Quinhentos anos de periferia**: uma contribuição ao estudo da política internacional. Rio de Janeiro: Contraponto, 2007.

HAESBAERT, R.; LIMONAD, E. O território em tempos de

globalização. **etc, espaço, tempo e crítica**, Rio de Janeiro, v. 1, n. 2, p. 39-52, ago. 2007. Disponível em: <http://www.uff.br/etc/UPLOADs/etc%202007_2_4.pdf>. Acesso em: 3 jul. 2018.

HARVEY, D. **A produção capitalista do espaço**. 3. ed. São Paulo: Annablume, 2007.

HARVEY, D. **A produção capitalista do espaço**. 2.ed. São Paulo: Annablume, 2006.

HARVEY, D. **A produção capitalista do espaço**. São Paulo: Annablume, 2005.

HARVEY, D. A teoria marxista do Estado. In: **A produção capitalista do espaço**. São Paulo: Annablume, 2001. p. 75-94.

HARVEY, D. **Espaces of Hope**. Baltimore: Edimburgo University Press, 2000.

HARVEY, D. **Espaços de esperança**. São Paulo: Loyola, 2015.

HOBSBAWM, E. **O novo século**. Entrevista a Antonio Polito. São Paulo: Companhia das Letras, 2000.

HUNTINGTON, S. P. **O choque das civilizações e a recomposição da ordem mundial**. Tradução de M. H. C Cortes. Portugal: Gradiva, 1996.

IANNI, O. **Teorias da globalização**. Rio de Janeiro: Civilização Brasileira, 1996.

IBGE – Instituto Brasileiro de Geografia e Estatística. **Geografia e geopolítica**: a contribuição de Delgado de Carvalho e Therezinha de Castro. Rio de Janeiro: IBGE, 2009.

IPEA – Instituto de Pesquisa Econômica Aplciada. **Estado, instituições e democracia**: República. Brasília: Ipea, 2010.

JARDIM, A. de P.; OLIVEIRA, O. F. de. Globalização, neoliberalismo e Estado-nação: reflexões analíticas. **Perspectiva Sociológica**, Rio de Janeiro, n. 3, ano 2, maio/out. 2009.

JASTRAM, K.; QUINTIN, A. **The Internet in Bello**: Cyber War Law, Ethics & Policy. 2011. Disponível em: <https://www.law.berkeley.edu/files/cyberwarfare_seminar--summary_032612.pdf>. Acesso em: 3 jul. 2018.

O LIVRO DA HISTÓRIA. **São Paulo: Globo Livros, 2017.**

LACOSTE, Y. **A Geografia**: isso serve em primeiro lugar para fazer a guerra. Campinas: Papirus, 1988.

LE MONDE DIPLOMATIQUE. **L'Atlas du Monde Diplomatique 2010**. Paris: Armand Colin, 2009. p. 50.

LÉVY, J. **L'espace légitime**: sur la dimension géographique de la fonction politique.

Paris: Presses de la *Fondation Nationale* des *Sciences Politiques*, 1994.

LOSANO, M. G. Karl Haushofer (1869-1946): o pai da geopolítica das ditaduras europeias. **Verba Juris**, João Pessoa, n. 7, ano 7, p. 447-473, jan./dez. 2008.

MAGNOLI, D. **O que é geopolítica**. 3. ed. São Paulo: Brasiliense, 1991.

MASSEY, D. **Pelo espaço**: uma nova política da espacialidade. Rio de Janeiro: Bertrand Brasil, 2009.

MAYER, A. **A força da tradição**: a persistência do Antigo Regime. São Paulo: Companhia das Letras, 1987.

MEDEIROS, J. H. A. China e Japão em disputas pelas ilhas Senkaku/Diaoyu, conflito inerente ou solução diplomática negociada? **Conjuntura Global**, v. 4, n. 1, jan./abr., 2015, p. 113-122. Disponível em: <http://www.humanas.ufpr.br/portal/conjuntura-global/files/2016/02/11-China-e-Japão-em-disputas-pelas-ilhas-Senkaku-Diaoyu-conflito-inerente-ou-solução-diplomática-negociada.pdf>. Acesso em: 3 jul. 2018.

MELLO, L. I. A. **Quem tem medo da geopolítica?** São Paulo: Hucitec/Edusp, 1999.

MIYAMOTO, S. **Geopolítica e poder no Brasil**. Campinas: Papirus, 1995.

MORAES, A. C. R. **Território e história do Brasil**. São Paulo: Annablume, 2005.

MOREIRA, R. **A geografia do espaço-mundo**: conflitos e superações no espaço do capital. Rio de Janeiro: Consequência, 2016.

MOREIRA, R. **O círculo e a espiral**. A crise paradigmática do mundo moderno. Rio de Janeiro: Obra Aberta, 1993.

MOREIRA, R. **O que é geografia?** 2. ed. rev. atual. Brasília: Coletivo Território Livre, 2009.

MOREIRA, R. "Plantation" e formação espacial: as raízes do Estado-nação no Brasil. In: MOREIRA, R. **Contribuição ao estudo da geografia agrária**. Rio de Janeiro: Departamento de Geografia/PUC-RJ, 1981.

MORETTI, E. C. A geografia atual, a objetividade dada, a geografia do vir a ser. **Formação (Online)**, Presidente Prudente, v. 1, n. 1, p. 71-75, ago. 1994. Disponível em: <http://revista.fct.unesp.br/index.php/formacao/article/view/1069/1075>. Acesso em: 18 jul. 2018.

NEVES, A. L. V. **Teoria das relações internacionais**: as questões mundiais em debate. São Paulo: Vozes, 2014.

NUNES, L. A. R. **Guerra cibernética e o direito internacional**: aplicabilidade do jus ad bellum e do jus in bello. Trabalho de conclusão de curso (Curso de Altos Estudos de Política e Estratégia) – Escola Superior de Guerra, Rio de Janeiro, 2015.

OLIVEIRA, F. de. **Crítica a razão dualista**: o ornitorrinco. São Paulo: Boitempo, 2013.

PIRES, E. L. S. A recomposição das escalas de governança, Estado e desenvolvimento territorial no Brasil. **GeoTextos**, v. 11, n. 1, p. 113-137, jul. 2015. Disponível em: <https://portalseer.ufba.br/index.php/geotextos/article/download/12816/9729>. Acesso em: 3 jul. 2018.

PREBISCH, R. O desenvolvimento econômico da América Latina e alguns de seus problemas principais. **CEPAL: Boletim Económico de América Latina**, Santiago do Chile, v. 7, n. 1, 1962. Disponível em: <http://archivo.cepal.org/pdfs/cdPrebisch/003.pdf>. Acesso em: 3 jul. 2018.

RAMONET, I. **A tirania da comunicação**. São Paulo: Vozes, 1999.

RAMONET, I. **Geopolítica do caos**. Petrópolis: Vozes, 1998.

RAMONET, I. Na "guerra de quarta geração", o inimigo somos nós. Tradução de Cauê Seignemartin Ameni. **Portal Vermelho**, 28 maio 2016. Disponível em: <http://www.vermelho.org.br/noticia.php?id_noticia=281536>. Acesso em: 3 jul. 2018.

REZENDE, C. **História econômica geral**. 6.ed. São Paulo: Contexto, 2001.

RIBEIRO, A. M. F. da S. Mahan e as marinhas como instrumento político. **Revista Militar**, n. 2500, maio 2010. Disponível em: <http://www.revistamilitar.pt/artigo/569>. Acesso em: 3 jul. 2018.

RICARDO, D. **Princípios de economia política e tributação**. São Paulo: Nova Cultural, 1996.

ROCHA, D. F.; ALBUQUERQUE, E. S. de. Revisando o conceito de Heartland na Política de Contenção Ocidental do séc. XXI. **Revista de Geopolítica**, Natal, v. 5, n. 1, p. 1-14, jan./jun. 2014. Disponível em: <http://www.revistageopolitica.com.br/index.php/revistageopolitica/article/viewFile/94/93>. Acesso em: 3 jul. 2018.

SAES, F. A. M. de; SAES, A. M. **História econômica geral**. São Paulo: Saraiva, 2013.

SANDRONI, P. **Dicionário de economia do século XXI**. São Paulo: Saraiva, 2007.

SANTOS, M. **A natureza do espaço**: técnica e tempo, razão e emoção. São Paulo: Hucitec, 1997.

SANTOS, M. **A natureza do espaço**: técnica e tempo, razão e emoção. 4. ed. São Paulo: Edusp, 2006a.

SANTOS, M. **Da totalidade ao lugar**. São Paulo: Edusp, 2005.

SANTOS, M. **Por uma outra globalização**. Rio de Janeiro: Record, 2000.

SANTOS, M. **Por uma outra globalização**: do pensamento único à consciência universal. 6. ed. Rio de Janeiro: Record, 2001.

SANTOS, M. **Por uma outra globalização**: do pensamento único à consciência universal. 13. ed. Rio de Janeiro: Record, 2006b.

SANTOS, M. **Território**: globalização e fragmentação. São Paulo: Hucitec, 2006c.

SENADO FEDERAL. Inimigos: a guerra cibernética. **Em discussão**. Disponível em: <https://www.senado.gov.br/noticias/Jornal/emdiscussao/defesa-nacional/razoes-para-a-implementaao-da-estrategia-nacional-de-defesa/inimigos-invisiveis-a-guerra-cibernetica.aspx>. Acesso em: 3 jul. 2018.

SENE, E. **Globalização e espaço geográfico**. São Paulo: Contexto, 2003.

SILVA, G. do C. **Conjuntura política nacional**: o Poder Executivo & geopolítica do Brasil. Rio de Janeiro: José Olympio, 1981.

SILVA, G. do C. **Planejamento estratégico**. Rio de Janeiro: José Olympio, 1981.

SMITH, G. Teoria política e geografia humana. In. GREGORY, D. et al. **Geografia humana**: sociedade, espaço e ciência social. Rio de Janeiro: Zahar, 1996. p. 65-89.

SOUZA, M. L. de. Autogestão, "autoplanejamento", autonomia: atualidade e dificuldades das práticas espaciais libertárias dos movimentos urbanos. **Revista Cidades**, v. 9, n. 15, 2012.

SOUZA, M. L. de. O território: sobre espaço e poder, autonomia e desenvolvimento. In: CASTRO, I. E. et al. (Orgs.). **Geografia**: conceitos e temas. Rio de Janeiro: Bertrand Brasil,1995.

SOUZA, M. L. de. **Os conceitos fundamentais da pesquisa socioespacial**. Rio de Janeiro: Bertrand Brasil, *2013*.

SOUZA, M. L. de; RODRIGUES, G. B. **Planejamento urbano e ativismos sociais**. 1.ed. São Paulo: Editora da Unesp, 2011.

SOUZA, M. L. de; SPOSITO, M. E. B. (Org.). **A produção do espaço urbano:** agentes e processos, escalas e desafios. São Paulo: Contexto, 2011.

SPYKMAN, N. J. **Estados Unidos frente al mundo**. México: Fondo de Cultura Económica, 1944.

SPYKMAN, N. J. **The Geography of the Peace**. New York: Harcourt, Brace and Company, 1944.

TAYLOR, J. R. **Rethinking the Theory of Organizational Communication:** How to Read an Organization. Norwood, NJ: Ablex, 1993.

TEIXEIRA JUNIOR, A. W. M. **Geopolítica**: do pensamento clássico aos conflitos contemporâneos. Curitiba: InterSaberes, 2017.

THE WORLD BANK. Disponível em: <http://www.worldbank.org/pt/country/brazil>. Acesso em: 18 jul. 2018.

VALLAUX, C. **Geografia social**: el suelo y el estado. Madrid: Daniel Jorro, 1914.

VALLAUX, C. **Géographie sociale**: le sol et l'État. Paris: Encyclopédie Scientifique, 1911.

VESENTINI, J. W. **A nova ordem mundial**. São Paulo: Ática, 1995. (Coleção Geografia Hoje)

VESENTINI, J. W. **Ensaios de geografia crítica no Brasil**: uma interpretação depoente. São Paulo: Plêiade, 2001.

VESENTINI, J. W. **Nova ordem, imperialismo e geopolítica global**. Campinas: Papirus, 2003 (Coleção Papirus Educação).

VESENTINI, J. W. **Novas geopolíticas**: as representações do século XXI. 5. ed. São Paulo: eContexto, 2013.

VESENTINI, J. W. **Novas geopolíticas**: as representações do século XXI. 2000.

VESENTINI, J. W.; VLACH, V. **Geografia crítica**: o espaço natural e a ação humana. São Paulo: Ática, 2002. v. 1.

VILLA, R. D. Mackinder: repensando a política internacional contemporânea. **Revista de Sociologia e Política**, Curitiba, 14, p. 195-199, jun. 2000.

VIOLANTE, A. R. A teoria do poder marítimo de Mahan: uma análise crítica à luz de autores contemporâneos. **Revista da Escola de Guerra Naval**, Rio de Janeiro, v. 21, n. 1, p. 223-260, jan./jun. 2015.

VLACH, V.; VESENTINI, J. W. **Projeto Teláris**: Geografia – os países do Norte e o panorama do século XXI. São Paulo: Ática, 2012.

WALLERSTEIN, I. Análise dos sistemas mundiais. In: GIDDENS, A.; TURNER, J. (Org). **Teorias sociais hoje**. São Paulo: Editora da Unesp, 1999.

WALLERSTEIN, I. **Análisis de sistemas-mundo**: una introdução. México: Sigo Veintiuno Editores, 1995.

Bibliografia comentada

HARVEY, D. **Espaços de esperança**. Tradução de Adail Ubirajara Sobral e Maria Stela Gonçalves. São Paulo: Edições Loyola, 2004.

Ao publicar a obra *Espaços de esperança*, o antropólogo David Harvey teve a intenção de instigar o leitor a melhorar o mundo onde vivemos. Para isso, com base nos ideais de Karl Marx, o autor aborda vários temas, como a questão do ser da espécie, ao se referir aos indivíduos e à nossa responsabilidade perante a natureza e a própria natureza humana. O estudioso procura, ainda, de forma clara e objetiva, apresentar como as mudanças ocorridas nas últimas décadas têm transformado a maneira como vemos a realidade. A emergência do conceito de globalização e da ressignificação do corpo também é tratada com o objetivo de mostrar aos leitores os valores, significados e significações. Harvey aprofunda o debate e mostra a globalização como um projeto geopolítico empreendido por países como os Estados Unidos e aliados como a Grã-Bretanha. O pensador vai além ao defender a ideia de que a edificação da globalização é pensada em prol dos interesses norte-americanos, gerando desenvolvimentos geográficos desiguais e disparidades socioeconômicas e políticas.

Portanto, a leitura da obra de David Harvey é fundamental para quem busca entender as contradições e os paradoxos da globalização. Nesse livro, Harvey convoca todos os leitores para serem "arquitetos rebeldes", em outras palvras, para irmos além da reflexão crítica, mas, sobretudo, auxiliarmos o florescimento dessa autotransformação.

RAMONET, I. **Geopolítica do caos.** Tradução de Guilherme João de Freitas Teixeira. Petrópolis, Rj: Vozes, 1998.

A obra *Geopolítica do caos*, de Ignacio Ramonet, é voltada para aqueles que buscam entender o mundo do final do século XX. O livro se justifica como atual, pois, em qualquer conjuntura que possa ser realizada nos países da América Latina, é fundamental entender que a geopolítica do caos não deixa de ser fomentada pelo capital rentista, tentando gerar ações desestabilizadoras principalmente nessa região, porém abarcando todos os demais países. Ou seja, para o leitor é fundamental perceber que as relações de poder se alteraram e que os traços das novas relações de poder de alguma forma estão mascarados por detrás de grandes fluxos naturais de bens, de serviços e de informações, apresentando como resultado sociedades dualizadas.

SEN, A. **Desenvolvimento como liberdade.** Tradução Laura Teixeira Motta. São Paulo: Companhia das Letras, 2010.

Esse livro foge do convencional ao propor um passo além dos limites tidos como convencionais da ciência econômica e ao proporcionar uma visão alternativa que tem como espinha dorsal a convicção de que a promoção do bem-estar (o que se quer afinal com o desenvolvimento) deve orientar-se com um questionamento sobre onde está o valor próprio da vida humana. O autor ainda apresenta males sociais que acabam espoliando as pessoas de viverem minimamente bem, como a pobreza extrema, a fome coletiva, a subnutrição, a destituição e marginalização social, a privação de direitos básicos, a carência de oportunidades, a opressão e a insegurança econômica, política e social. Em outras palavras, na concepção do autor, o desenvolvimento é essencialmente um processo de expansão das liberdades reais que as pessoas desfrutam.

ZIBECHI, R. **Brasil potência**: entre a integração regional e o novo imperialismo. Consequência. 2. ed. Rio de Janeiro, 2012.

A obra de Raúl Zibechi traz alguns elementos que são fundamentos para entender o Brasil como potência e as principais críticas em função do imperialismo sobre os países vizinhos, no contexto da América Latina. Assim, o recorte temporal que o autor faz é a partir do governo Lula, mostrando a aliança entre governo, burguesia local, militares e mais atores políticos novos e inusitados, como os dirigentes dos fundos de pensão, agora entre os proprietários de multinacionais brasileiras. O livro explicita que a elite política traria uma estratégia para que o país fosse elevado ao posto de potência mundial, com base em sua posição de potência regional. Embora a obra não tenha sido produzida no Brasil, a leitura é fundamental para que se tenha um entendimento de temáticas abordadas, entre elas, a resistência à estratégia de defesa nacional, as multinacionais brasileiras na América Latina, as relações do Brasil com os países periféricos, além do que o autor chama de "movimentos antissistemáticos no Brasil Potência".

OLIVEIRA, F. de. **Crítica à razão dualista**: o ornitorrinco. São Paulo: Boitempo, 2013.

Francisco de Oliveira mostra ao longo da obra o subdesenvolvimento como produto da evolução capitalista e, como isso, muda a forma e a maneira de pensar a economia brasileira. Em função disso, faz uma grave denúncia da miséria em que vivia (e ainda vive) a maior parte da população da América Latina, embora uma parcela significativa dos intelectuais progressistas tivesse um pensamento que procurava explicar a luta contra o subdesenvolvimento como se o país fosse um duplo, moderno e arcaico, e via os extremos de opulência e miséria como mundos estanques.

A obra pode ser carcaterizada como instigante e ao mesmo tempo polêmica ao mostrar uma busca permanente da política, da economia e da sociedade brasileira pela resolução de seus conflitos.

Respostas

Capítulo 1

Atividades de autoavaliação

1. d
2. d
3. d
4. c
5. c

Capítulo 2

Atividades de autoavaliação

1. d
2. d
3. c
4. b
5. c

Capítulo 3

Atividades de autoavaliação

1. d
2. d
3. d
4. b
5. a

Capítulo 4

Atividades de autoavaliação

1. e
2. c
3. a
4. b
5. a

Capítulo 5

Atividades de autoavaliação

1. b
2. b
3. c
4. b
5. a

Sobre o autor

Renata Adriana Garbossa Silva é licenciada e bacharel em Geografia pela Universidade Estadual do Oeste do Paraná (Unioeste), mestre em Geologia Ambiental pela Universidade Federal do Paraná (UFPR) e doutora pelo Programa de Pós-Graduação em Geografia da UFPR, com a linha de pesquisa "Produção do espaço e da cultura". Atuou como professora da rede pública e privada de ensino fundamental (anos finais) e médio. Trabalhou em órgãos públicos municipais e estaduais, atuando na elaboração de projetos. Desde 2003, é professora do ensino superior (presencial e a distância) de graduação e pós-graduação em instituições privadas do município de Curitiba, ministrando aulas na sua área de especialização. Tem experiência na Gestão educacional, coordenando cursos de geografia e áreas afins. É membra da Associação de Mulheres da Engenharia (AMEG), Agronomia e Geociências. Faz parte do Crea-PR. É autora de vários livros na área da Geografia, com destaque para o desenvolvimento local e regional.

Rodolfo dos Santos Silva é graduado em Ciências Econômicas pela Faculdade Católica de Administração e Economia (FAE), pós-graduado em Magistério Superior pelo Instituto Brasileiro de Pós-graduação e Extensão (Ibpex), mestre em Tecnologia pelo Programa de Pós-Graduação da Universidade Tecnológica do Paraná (UTFPR) e doutor pelo Programa de Pós-Graduação em Geografia da Universidade Federal do Paraná (UFPR). É autor de vários livros sobre as questões urbanas, dentre eles: *Pinhais 20 anos: fatos e histórias de uma cidade emancipada* (2012) e organizador e autor do livro *Identidade Pinhais* (2010). Atuou profissionalmente, em sua área de especialização, em empresas privadas, organizações não governamentais (ONGs) e secretarias do Estado do Paraná, com funções específicas da sua área de atuação. É professor do Ensino Superior desde 2001.

Impressão:
Setembro/2023